Adolf Bacmeister

Germanistische Kleinigkeiten

Adolf Bacmeister

Germanistische Kleinigkeiten

ISBN/EAN: 9783743485204

Hergestellt in Europa, USA, Kanada, Australien, Japan

Cover: Foto ©Thomas Meinert / pixelio.de

Manufactured and distributed by brebook publishing software
(www.brebook.com)

Adolf Bacmeister

Germanistische Kleinigkeiten

Germaniſtiſche Kleinigkeiten.

Von

Adolf Bacmeiſter.

Alte Familiennamen. Das Fremdwort im Deutſchen. Stab oder Meter?
Stenotelegraphie. Deutſche Schlecht- und Rechtſchreibung. Der
Urſprung der Sprache.

Stuttgart.
Verlag von A. Kröner.
1870.

Vorwort.

Die losen Blätter, welche ich hier zu einer Art Ganzem gebunden habe, bitten um das Wohlwollen der von uns Schriftstellern so genannten Leser, und um die Nachsicht der von uns Schriftstellern so genannten Leute vom Fach. Im Zweifelsfalle — und eigentlich besteht das ganze Buch aus solchen Fällen — habe ich es ausnahmslos vorgezogen, letztere vor den Kopf zu stoßen um erstere zu befriedigen, und dieses Geständniß ist hoffentlich ehrlich genug, um jede bittere Kritik zu entwaffnen. Die Aufsätze, welche den zweiten Theil des Büchleins bilden, sind aus den letzten Jahrgängen der Allgemeinen Zeitung abgedruckt. Eine Umarbeitung und standesgemäße Aufputzung hätte ihnen gerade die Eigenschaft abgestreift, durch welche sie seiner Zeit einigen Beifall errungen haben — die leichte Lust und fröhliche Wärme des Augenblicks; ich habe daher den Versuch gewagt, ob dieser Augenblick sich nicht noch einmal durchleben lasse. Mißlingt das Wagniß, so möge der Leser wenigstens den Trost hinnehmen, daß ich ihn keiner zweiten Gefahr dieser Art aussetzen werde; gelingt es, so wird mich das in meinem alten und innersten Glauben bestärken und demselben vielleicht einige neue Anhänger gewinnen, daß alle menschliche Arbeit und Wissenschaft eitel und trostlos bleibt, wenn nicht der heitere Scherz und die freie Phantasie ihre Bahnen begleitet, ihre Ziele dichterisch idealisirt.

Augsburg, im Juni 1870.

A. Bacmeister.

I.

Alte Familiennamen.

Zur Ausrüstung eines gebildeten, gesinnungstüchtigen Soldaten im Landsturm des aufgeklärten Liberalismus gehört auch das überlegene Belächeln von Ahnenbewußtsein und Ahnenstolz, Dinge, welche man als überwundene Standpunkte dem ohnehin auch bald überwundenen Adel überlassen zu müssen glaubt. Erinnerung, Tradition und Geschichte reicht in wenigen Familien über die Großeltern, in den meisten nicht einmal bis zu diesen hinauf; daß man aber mit Sorgfalt und Bewußtsein den Spuren der Ahnen und Urahnen nachgehe, sie festzuhalten und dem kommenden Geschlechte zu überliefern suche — davon ist allerdings und ist leider fast nur in den sogenannten adeligen Familien etwas zu verspüren. Man macht viel Redens von Schönheit und Nutzen geschichtlichen Studiums und vermag innerhalb seines nächsten Lebenskreises, in seinem eigenen Hause das geschichtliche Bewußtsein nicht einmal auf hundert Jahre zurück zu bewahren. Das Bild, das der Einzelne darbietet, gleicht einem ausgeschnittenen Schattenriß auf einen großen Bogen weißen Papiers geklebt, ohne Umgebung, ohne Hintergrund, ohne jene künstlerisch sich abdämmernde Perspective, welche fern und ferner rückend sich endlich in geheimnißvollem Dunkel verliert. Es gibt eine Menge Menschen, die gar nicht aussehen, als ob sie aus organischem Boden organisch herausgewachsen wären; sie kommen uns vor, wie wenn sie in Nürnberg oder im Thüringer Wald auf Bestellung geschnitzelt und angestrichen, dutzendweis in Schachteln verpackt, zum Versandt gebracht, an einem beliebigen Orte wieder ausgepackt und zu einer mehr oder minder passenden Aufstellung gebracht worden wären. Ist die Generation verbraucht, so verschreibt man eben eine neue Schachtel.

Dieser Mangel an perspectivischem Sein und Bewußtsein, an wurzelhafter Existenz und pietätvollem Gefühl für die Vorzeit geht vom einzelnen Hause auch in die größere Gemeinschaft, in das ganze Dorf und Städtlein über. In meinem engeren Vaterlande Württemberg ist zwar in jeder Ortschaft ein sogenannter „ältester Mann" angestellt, welcher im Falle großer Ereignisse, als da sind: Hagelschlag, Erdbeben und Bergrutsche, Pestilenz und theure Zeit, Feuersbrünste, Wasser-, Hunger- und Türkennoth von den

wißbegierigen Einwohnern um Aufzählung von Parallelstellen und Schilde-
rung analoger Fälle aus der Vorzeit angegangen wird. Allein, wie man
aus den Provinzialberichten des „Schwäbischen Merkur" weiß, das stehende
Resultat ist die Redensart, daß sich der betreffende „älteste Mann" keiner
solchen Begebniß zu erinnern wisse, worauf wir Württemberger mit ebenso
stehender Befriedigung die Akten für geschlossen erklären und zum Studium
der Trauerbriefe, Schrannenberichte und sonstiger Weltbegebenheiten übergehen.

Ich für meine Person bekenne aufrichtig, daß es mir ein behagliches
Gefühl ist, die Geschichte meines Geschlechtes bis auf vierhundert Jahre
zurück verfolgen zu können, seine Wandlungen und Wanderungen zu beob-
achten, von der Backstube auf der Lüneburger Haide nach den Küsten der
Nord- und Ostsee, nach dem eisigen Rußland, in die harzduftigen Forste der
Abnoba und an die Rebengehänge des schwäbischen Landes, zuletzt gar unter
die Palmen von Indien, an die Ufer der kanabischen Seen und an die
Gestade des stillen Oceans.

Und was Alles haben wir in diesen vierhundert Jahren für die Welt
geleistet! Wir haben den Herzogen von Braunschweig ihr tägliches Brod
gebacken, den Lüneburgern ihr Bier gebraut, der Königin Wittwe Dorothea
von Dänemark Hofpredigten gehalten, unter schwedischen Fahnen uns sechs
Jahre für unbestimmte Zwecke in Deutschland herumgehauen, in Rostock,
Kiel und Tübingen „Juristerei und Medicin und leider auch Theologie"
gelehrt und geübt, den Meklenburgischen Bauern in Fritz Reuter's Dialekt
und den braunen Hindus in canaresischem Prakrit das Evangelium ver-
kündigt, den Herzogen zu Wirtemberg und Teck ihr Ländlein regieren und
ihre Finanzen bessern helfen, in Petersburg den St. Wladimirorden verdient,
theologische, medicinische, historische Werke geschrieben, auch „persische Er-
zählungen" und deutsche Kirchenlieder gedichtet, dem Lande Hannover einen
Minister, der stark dem Rückschritt und den Yankee's Lokomotiven geliefert,
die dem entschiedensten Fortschritt huldigten, wir haben für die deutschen
Grundrechte gefochten und gesessen, dem Admiral Farragut den Mississippi
erstürmen helfen, Zeitungen redigirt und schließlich dieses vortreffliche Büchlein geschrieben. Denkt man sich aber wieder rückwärts über die Halbscheid
des fünfzehnten Jahrhunderts hinauf, in die Zeit hinein, da wir uns noch
Lüdike Willens schrieben — wenn wir überhaupt schreiben konnten — so
schließt der freien Phantasie eine unbegrenzte Bahn sich auf von Ruhmesthat
und Heldenthum. Daß die Willens mindestens einmal das heilige Grab
erobern halfen, mag nur nebenher erwähnt sein; es zu bestreiten hat noch
kein Geschichtschreiber gewagt; daß sie dem großen Kaiser Karl das Leben
sauer genug machten, ehe sie als unentbehrliche Vorbereitung zu der spätern
theologischen Laufbahn der Blut- und Wassertaufe sich gefügt, daß ein Zweig
des Geschlechtes unter Hengist und Horsa gen Britannien zog und Kelten
und Römer vertilgte — das sind Dinge, die Jedermann aus den Hand-
büchern der Geschichte erfahren kann. Ist ja sogar urkundlich erwiesen, daß
im neunten Jahrhundert Liudiko van Katingthorpa tuentich muddi rokkon,
20 Metzen Roggen an das neugestiftete Kloster Freckenhorst zehntete, wie nicht
minder Herr Willico van Grafthorpa 12 Metzen Roggen und 1 Metze Gersten-
malz, desgleichen Williko van Wersithorpa nigon muddi maltes — 9 Metzen
Malz (M. Heyne, Altniederdeutsche Denkmäler. Paderborn 1867.) Haus Lüdike

Willens oder Wilkens war damals noch in zwei Linien geschieben. Weiter zurück wird die Sache freilich etwas dunkel; die letzten Spuren gibt Tacitus, weßwegen auch ein dankbarer Enkel des Geschlechtes seine Germania in's Deutsche übertragen hat. Cetera jam fabulosa — mit eben diesem Autor zu reden. Ob wir zu Fuß über Wolga und Weichsel aus Asien zugereist, auf Schlittschuhen über das baltische Meer gefahren oder etwan, als die Aera der skandinavischen Eiszeit zu Wasser wurde, auf einem erratischen Block in die hercynischen Wälder hinabgerutscht kamen — hōc ego, lauten die Schluß= worte besagter Germania, ut incompertum in medium relinquam. Dagegen finden wir uns beim Thurmbau zu Babel wieder lebhaft betheiligt und als das Unternehmen in Folge verschiedener Unzukömmlichkeiten sich auflöste, entschieden wir uns für das Arische als Familiensprache und verdienten unser Brod durch Privatstunden im Altgothischen. Die hebräischen Studien nahmen wir erst später in Rostock und Tübingen wieder auf, blieben jedoch bis in die neuere Zeit herab im Wesentlichen der Germanistik ergeben. Die Geschichtsquellen für die Zeit vor Babel sind Jedermann geläufig und zu= gänglich; spezielle Familienpapiere hat bekanntlich nur die Familie do la Tour aus der Noachischen Fluth gerettet. Aber das ist ja eben der Trost des obengenannten liberalen Philisters, daß schließlich ja doch die ganze Ge= schichte, König und Bettelmann, Hofrath und Kammmacher, Dichter und Salzstößler auf den einen ungetheilten alten Adam zurückführe. Ja der noch liberalere und noch aufgeklärtere Jüngling dieser Zeit ist von den ge= lehrten Wortführern noch um einen Schritt weiter gedacht worden — wenn dieses Passivum erlaubt ist — und schwärmt jetzt für einen noch ganz andern Urahnen. Warum denn nicht? Ich glaub' es jedem auf's Wort, der mir's sagt. Binnen Jahr und Tag ein Engel zu werden, getraut sich ohnehin Jeder; warum soll er vor zehn Millionen Jahren nicht etwas weniger als ein Mensch gewesen sein?

Der schimmernde Herbstfaden, an dem wir mit einem leichten Hauch des Mundes unsere Fantasie Jahrtausende rückwärts gesponnen — er ließe mit einem zweiten Hauche sich ebenso leicht in umgekehrter Richtung in die Nebel der Zukunft hinaus treiben. Zwischen protologischem und eschato= logischem Pole, zwischen dem, was war und dem, was sein wird, schwankt ja ewig die von Fragen und Zweifeln durchzuckte Menschenseele. Den Einen freut es ein Enkel zu heißen und er fragt — was waren meine Ahnen? Den Andern gelüstet ein Ahne zu werden und er fragt — was werden meine Enkel sein? wie lange wird mein Name und wird er in Ruhm und Ehre dauern? in Nacht und Schande verlöschen? Für das einzelne Geschlecht kann Niemand stehen; über Dauer oder Untergang unserer Familiennamen, wie sie heute sind, bietet die Geschichte einige Auskunft. Daß eine große Zahl, ja wohl die Mehrzahl der heutigen Geschlechtsnamen aus altdeutschen Personennamen entkeimt sind, setze ich als bekannt voraus. Eine Familie, die Haug oder Ludwig heißt, darf ohne Bedenken sich eines Namens rühmen, der, wenn auch in etwas anderer Form, doch als solcher, als Wort schon vor zweitausend Jahren zwischen Rhein und Donau geklungen hat, ja der in noch alterthümlicherer Gestalt wohl schon drei und vier Jahrtausende einem Sohne vom Vater, einem Freund vom Freunde gerufen worden ist. Soweit etwa mag sein sprachhistorischer Stammbaum reichen. Dagegen, zwei Familien mögen Haug und Ludwig heißen oder Lang und Kurz, Fuchs und Haß oder

— 4 —

Schmid und Maier — als Familienname wird derselbe nur in seltenen Fällen über das zwölfte Jahrhundert hinaus sich nachweisen lassen, die meisten werden noch eine gute Strecke dießseits des Jahrs 1100 auftauchen. Die so recht eigentlich namenzeugenden Jahrhunderte sind das breizehnte und vierzehnte; aber auch das fünfzehnte und mit gewissen Beschränkungen noch spätere Zeiten müssen in Neubildungen sich versuchen. Einen direkten Stammbaum endlich nicht nur für seinen Namen sondern für sein, gerade sein Geschlecht in diesem Namen wird der gewöhnliche bürgerliche Mann selten weiter als bis in's fünfzehnte Jahrhundert verfolgen können. Wenn heut in Wirtemberg noch eine altangesessene Familie Sar=, Schar= oder Sauernagel lebt — und dergleichen gibt es in der That — so möchte diese vielleicht mit einiger Wahrscheinlichkeit ihr Dasein bis in das Jahr 1134 hinauf behaupten dürfen. Aus diesem Jahr existirt eine lateinische Urkunde (Wirtembergisches Urkundenbuch Nr. 302) kraft welcher Bischof Sigfrid von Speier die von Markgraf Hermann und seiner Gemahlin Bertha ge= schehene Schenkung eines Guts in Heiningen, Oberamts Backnang, an die heil. Pankratiuskirche in Backnang bestätigt. Diese Urkunde ist von vielen Zeugen unterschrieben, darunter solche aus Wolfsölden und Pleidelsheim, Oberamts Marbach, Groß= oder Klein=Jngersheim, Oberamts Besigheim, Grözingen, Oberamts Nürtingen und Jettenburg, Oberamts Tübingen. Einer der Zeugen, leider ohne Angabe der Heimat, nennt sich Sarnagel. In Stuttgart aber erscheint 1546—50 ein Jakob Saurnagel, offenbar eine mundgerechte Umbilbung des alten unverständlich gewordenen Sar= nagels. Denn gothisch sarwa, altdeutsch saro heißt die (eiserne) Waffen= rüstung, ein Wort, das schon im Mittelalter absterbend sich in die Kunst= sprache des Schmiedegewerbes flüchtet und jetzt wohl nur noch in einigen Geschlechtsnamen ein geheimes verstümmeltes Dasein fristet. So lebte anno 1393 ein Heinz Sargwerk in Stuttgart, 1356 ein Symon Sarwürt, 1373 ein Berchtold Salwurt in Augsburg. Jetzt verstehen wir vielleicht auch den Namen Sauereisen und vielleicht ist sogar der Sauerzapf (16. Jahrh.) nicht sowohl ein nichtswürdiger Bierwirth gewesen, als viel= mehr etwas Aehnliches wie der Sarnagel. Zu diesem und seinem Doppel= gänger dem Saurnagel kann ich übrigens die Bemerkung nicht verschweigen, daß auf einer Kegelbahn am Lech laut alter Ueberlieferung der Eckkegel mit Respect zu melden der Saunagel heißt. Ob in diesem Stücke Holz noch die Erinnerung an einen alten Gothenzug oder dergleichen als Dryade fort= lebt, mögen Andere ergründen. Wenn er so dasteht, sieht man ihm nichts besonderes an. Immerhin bleibt jener Name ein Zeugniß von der Mög= lichkeit, auch einem gewöhnlichen Geschlecht sein bürgerlich einfaches ruhm= loses Dasein bis an die neun Jahrhunderte zurück nachzuweisen.

Das Werden der neuen Namen schildert Ennen in seiner Geschichte der Stadt Köln treffend mit folgenden Worten: „Wie sehr auch die reichen Geschlechter sich bemühten, den Handwerkerstand in Abhängigkeit und Vor= mundschaft zu halten, so waren sie doch nicht im Stande, das Drängen des neuen socialen Geistes auf die Dauer zu unterdrücken. Die Handwerker fühlten, daß ihre Zeit gekommen, sie hatten Vieles dazu beigetragen, daß die „hofrechtlichen" Familien gesprengt worden und an deren Stelle die blutsverwandtschaftlichen getreten waren. In der Zeit, in welcher sich die Standesverhältnisse umbilbeten, die Elemente des Handels und der Gewerbe sich zu einer politischen Macht entwickelten und ein freies Bürgerthum mit den alten grundbesitzenden Geschlechtern in den erbittertsten Kampf um volle Gleichberechtigung eintrat, verschob sich auch die Grundlage, auf welcher bis dahin die abgeschlossenen Familien- und Geschlechterkreise beruht hatten. Sobald der Gewerbsmann und Nichtgrundbesitzer mit Frau und Kind von der Scholle getrennt war und sich einen selbstständigen Hausstand gegründet hatte, fühlte er sich im Kreise der Seinigen als Haupt einer Familie und er setzte einen Stolz darein, seinem Taufnamen auch noch einen Familiennamen zuzufügen. Einzelne dieser Gewerbsleute nannten sich nach den fremden Ländern und auswärtigen Ortschaften, aus denen sie nach Köln gezogen waren, um hier Nahrung und Fortkommen zu suchen. So finden wir einen Saxo, Anglicus, Romanus, scothin, Gilgauer, Lombarden, freso, suevus, graecus. Andere erhielten ihre Namen von amtlichen und ministerialen Bedienstungen, als: **Vogt, Pförtner, Bote, Zöllner, Prüfer, Mübber, Thürsteher.** Die Namen **Pabst, Bischof, Mönch, König, Herzog, Graf, Markgraf, Subirnator** hatten den Charakter von Spitznamen. Von gewerblichen Beschäftigungen wurden genannt: **Pfefferkrämer, Futtermenger, Hosenmenger, Filzer, Pelzer, Mützenmacher, Grauwertmann, Aehlenstecher, Kuchenbäcker, Speckschneider, Fladenbäcker, Kräuter** (herbarius), **Wachtelfänger, Nedemenger, Bärentödter, Dachdecker** (tector), **Silberschmelzer, Brillmacher, Kerzler** rc."

Man sieht also: Die älteren Namensformen starben ab und neue Gestalten bildeten sich in Folge und in Begleitung gewisser geschichtlicher, socialer Entwicklungen und eben darum ist auch die Dauer unserer heutigen seit fünf bis sechs Jahrhunderten bestehenden Namen auf etwa noch ebensoviele Säcula keineswegs zu verbürgen. Das Princip freilich, die Form der Benennung im Ganzen, nämlich die Bezeichnung der Familie durch den Geschlechtsnamen und die Hervorhebung des Individuums durch den Vornamen wird so ziemlich das gleiche bleiben, so lange wenigstens als nicht gesellschaftliche Wandlungen die innere Structur der Familie zerstören. Ein streng durchgeführtes communistisch-socialistisches System zum Beispiel, in Verbindung etwa mit Polygamie oder gar Polyandrie, oder eine absolute Emancipation des Weibes müßte fast nothwendig das herrschende Namensystem aus dem Boden heben. Auch ist nicht zu läugnen, daß alle bisherigen Systeme der Benennung äußerst unvollkommen sind. Es liegt vor uns ein Artikel in der Zeitschrift Ausland Jahrgang 1868 Nr. 18. Ihm zufolge wurden in den Geburts-, Ehe- und Sterberegistern von England und Wales seit 30 Jahren 39 Millionen Personen mit 35,000 Familiennamen eingetragen; demnach kommt auf etwa 1000 Personen ein Name. Im Jahr 1865 wurden 748,069 Geburten eingeschrieben und darunter folgende Namen:

Smith 10,505, Jones 9619, Williams 6198, Taylor 5033, Davies 4547, Brown 4416, Thomas 3612, Evans 3796, Roberts 3191, Johnson 2830, Robinson 2768, Wilson 2826, Wright 2523, Wood 2589, Hall 2495, Walker 2359, Hughes 2374, Green 2360, Lewis 2275, Edwards 2323, Thompson 2411, White 2441, Jackson 2325, Turner 2272, Hill 2146. Hier haben also 90,234 Personen nur 25 Namen unter sich zu theilen, kommt durchschnittlich je ein Name auf 3609 Personen.

Hätten wir eine ähnliche Statistik aus Deutschland zur Verfügung, sie

würde ein eigenthümliches Gegenstück zu der obigen bieten. In England,
sieht man, überwiegen die aus „Vornamen" gebildeten Familiennamen, wo=
bei bemerkenswerth, daß hinter den Legionen von Robinson, Wilson, Thomp=
son, Jackson die einfachen Robin u. s. w. zurücktreten. Die ganze Reihe
trägt übrigens streng niederdeutsches, sächsisches Gepräge. Dem Jones und
Johnson entsprechen die im Oberdeutschen seltenen, in Norddeutschland zahl=
losen Jan (Hans), Henne, Hennes, Hennjes, Hannke, Hanke, Henke, Jähn,
Jänke u. s. w. Niederdeutsch ferner sind die Genitive Williams, Edwards
u. s. w., sowie die =son (=sen). Dagegen fehlen die sprichwörtlichen Müller und
Schulze, sowie der gemeindeutsche Maier. Der englische Taylor (tailleur) ist
unser Schneider, niederdeutsch Schraber, Schröter. Statt des englischen Brown
überwiegen im Deutschen die Schwarz und Weiß. Spezifisch englisch sind
die Wood, Hall und Hill, jedoch schwerlich alle aus Ortsnamen entsprossen.
Ein culturgeschichtlicher Wink ist der Walker, der übrigens verschiedene Be=
deutungen in sich schließt. Allen voran aber geht auch in England der
Schmid. Woher das ungeheure Vorwiegen dieses Gewerbes oder vielmehr
Kunstnamens? Vor Allem daher, daß sämmtlichen germanischen Mundarten
dieses Wort ein gemeinsames ist. Der Schmid heißt überall Schmid, während
der süddeutsche Schneider, Schuhmacher, Schuster, Sauter in Norddeutsch=
land in dem Schraber, Schröder u. s. w. aufgeht. Zum Zweiten: Der
Schmid, schon in der gothischen Bibel aizasmitha, der Erzschmid, in der
germanischen Sage der bewunderte halbgöttliche Künstler, war noch lange
vor dem Müller derjenige Mann, der in keiner Mark, später in keinem
Weiler, keiner Gemeinde fehlen durfte. Jedes andere Gewerk mochte der
einzelne Mann mit Axt und Messer, mochten die Frauen mit Nadel und
Scheere besorgen; Zimmermann, Bäcker, Schuster, Schneider, Gerber — das
Alles ersetzte die Kraft des Mannes, der Fleiß und die Kunst der Frauen
und Töchter, oder auch die Arbeit der Leibeigenen. Was darüber hinaus=
ging, etwa Töpferwaaren, Schmuck und feinerer Hausrath, das war sicher=
lich schon in sehr alter Zeit Sache des wandernden Handelsmannes, der
unstet von Hof zu Hofe ziehend den Namen seines Gewerbes und seiner
Waaren an keine feste Stätte band. Unentbehrlich dagegen war, und an
Ort und Stelle haften mußte der kunstreiche feuerfeste Schmid. Ihn ver=
mochte auch des Zimmermannischen Hofschulzen Kraft und Gewandtheit nicht
zu ersetzen. Einen Schmid also gab es überall, wie später in Folge einer
volkswirthschaftlichen Wandlung überall einen Maier.

Der Schmid war überall und er war zuerst da von allen Gewerben,
hatte also die längste Zeit seinen Namen auszubreiten und zu wachsen wie
ein Senfkorn zu einem Baum über alles deutsche Land. Sein Name war fest
und unveränderlich, durch keinen zweiten ersetzbar, seine Kunst keinem Wechsel,
keiner Mode unterworfen und so dürfen wir uns wohl nicht mehr wundern,
wenn er heute noch den Reigen der Geschlechtsnamen eröffnet, wenigstens
unter den ersten steht mit dem Müller, dem Maier und dem Schulzen.
Lieber Leser, auf dem unscheinbaren, todten und langweiligen Adreßbuch
deines Städtleins ruht ein Hauch von jener Germania, welche Tacitus ge=
schildert hat, durch seine Blätter hebt das letzte Rauschen hercynischer Wald=
luft, ein Echo vernimmst du aus den Capitularien des großen Frankenkaisers,
aus den knorrigen Annalen der Klostermönche, und wenn dich Scham und
Wehmuth überkommen will, da du deinen Namen liesest, der Kamille gleich,

die da je mehr wächſet, je mehr ſie getreten wird — deinen Namen „Johann Jakob Maier oder Müller oder Schmid, baumwollener Strumpfwaaren= händler, litera B, 160, Ecke des Hafenmarkts und des Kaltelausgäßleins" — lieber Leſer, dann bedenke, daß ihr nicht von Anfang an baumwollene Strumpfwaarenhändler geweſen ſeid, nicht immer litera B, 160, an der Ecke des Hafenmarkts und des Kaltelausgäßleins gehauſt habt, ſondern daß dein Urahn mit einer Wahrſcheinlichkeit, deren Grab ganz deinem Ermeſſen an= heimgeſtellt iſt, bei Wieland dem Schmid in die Lehre gegangen, vielleicht mit dem jungen Sigfrid, dem Königsſohn aus Niederlanden auf demſelben anebôz gehämmert hat; daß die Mutter deines Geſchlechtes vielleicht jene Frau war, die in der Reismühle im Wirmthale dem vorbeſagten Kaiſer Karl an's Licht der Welt geholfen hat; daß, wenn du Maier heißeſt, der Stifter deines Namens vielleicht eben dieſem Frankenkarl in ſeiner Kaiſerpfalz zu Ingelheim, eigenmündig Rechnung abgelegt hat über den Ertrag des Jahres 773 an Korn und Hülſenfrucht, über Schweinemaſt und Hühnerhof, daß er vielleicht mit meinem eigenen obenbenannten Vorfahr gegen Saraзenen und Avaren gezogen iſt und in manchem corpus vile kraneologiſche Experimente angeſtellt hat über Conſtruktion und Härte der finniſchen und ſemitiſchen Schädel. Auch deine Träume werden dann andere Bilder vor Ohr und Auge zaubern, deine baumwollenen Strümpfe wandeln ſich in Stahlſchienen und büffellederne Hoſen, deine Geſundheitsflanelljacken werden zu klirrenden Brünnen, die friedliche Nachtmütze wölbt ſich zum ehernen Helm und ihr lebensmüder Quaſtenzipfel reckt ſich hoch über ihm als Adlerfittig und Zimier, die leeren Hülſen füllen ſich mit ſchwellender Heldenkraft, der Schreibebock iſt ein Schlachtroß geworden und das Ellenmaß ein zweihändig Schwert, im Thale von Ronceval wogt die männermordende Feldſchlacht und eben ſchwingt ein dir perſönlich völlig unbekannter Emir aus Bagdad ſeinen krummen Damascener, um dir ohne jede Rückſicht auf etwaige geſundheits= ſchädliche Folgen den Kopf abzuſäbeln, da mit einmal klingt wie rollender Donner das Rolandshorn durch die Pyrenäenſchlucht und du erwachſt in Angſtſchweiß gebadet gerade recht, um den Nachtwächter tuten zu hören — „bewahrt das Feuer und das Licht, daß euch kein Schade geſchicht." Auch unter Stammbäumen wandelt man nicht ungeſtraft.

Für Jemand der Zeit hätte, wäre es eine Aufgabe, zwar nicht ſo geiſt= reich und gemeinnützig wie Tarokſpielen, aber doch nicht ganz verwerflich, aus etlichen hundert Adreßbüchern deutſchen Landes eine vergleichende Sta= tiſtik herzuſtellen über Art und Häufigkeit der hauptſächlichſten Namenklaſſen. Ein vorſichtiger und überlegender Mann käme da ſicherlich auf bedeutſame Ergebniſſe. So würde z. B. das Vorwiegen der Müller, Maier u. ſ. w. im Einzelnen ganz beträchtliche Ausnahmen zeigen, es würde ſich weiſen, daß gewiſſe Namen mit merkwürdiger Zähigkeit in beſtimmtem engem Kreiſe ſich halten, daß manche Orte durch einen oder mehrere Namen förmlich ge= zeichnet ſind. Es liegt ein vergilbtes Heft vor mir, das ich vor Jahren über alte und neue Namen in der ehemaligen Reichsſtadt Reutlingen an der Achalm zuſammengeſchrieben habe. Die Geburtsſtadt Friedrich Liſt's, im Jahr 1859 etwa 13,000 Einwohner zählend, hat bis in die neuere Zeit ſich ziemlich abgeſchloſſen gegen fremden Zuzug gehalten und die am häufigſten vorkommenden Geſchlechtsnamen der Gemeinde ſind meiſt Jahrhunderte alt. Das Adreßbuch von 1859 zählt auf: 78 Votteler, 67 Hohloch, 52 Klein,

47 Lamparter, 45 Hummel, 43 Grüninger, je 41 Bihler (Bühler) und Fuchs, 40 Göbel, 39 Benz, 35 Braun, 34 Grözinger, 33 Reicherter, je 31 Kurtz, Röhm, Walz, je 28 Beck, Faißt, Göppinger, Maier, je 27 Fischer und Kalbfell, 26 Astfalk, 25 Schmid, je 24 Faßnacht, Hecht, Weiß, je 23 Findh, Hammer, Lachmann, Rösch, Spannagel, Tochtermann, Vollmer, je 22 Eisenlohr, Ruoff, Zwißler, je 20 Ankele, Gminder, Heß, Müller, Schäfer, je 19 Hausmann und Schrabin, je 18 Hirrlinger, Ochs und Schauwecker, je 17 Buck, Gruoner, Hirschburger, Weinmann, Wucherer, je 16 Schaupp, Schneider, Trißler, Lohrer, je 15 Elwert, Engel, Keim, Knapp, Wendler, je 14 Renngott (Könn?), Mössinger, Zindel, je 13 Ammer, Aickelin, Oedeler, Kiefner, je 12 Denzel, Rall, Schleicher, Uber, je 11 Epp, Helbling, Mauerhan, Metzger, Weckler, je 10 Bauer (Baur), Döttinger, Jäger, Launer, Lumpp, Maurer, Roth, Rupp, Wermag, Horrwarth, je 9 Bantlin, Vertsch, Beutel, Brucklacher, Sautter.

Im Ganzen zählt das Büchlein etwa 2950 Nummern, aber nur 590 verschiedene Namen, so daß also durchschnittlich je 22 Personen den gleichen Namen tragen. Unser M a i e r aber erscheint in der oben gegebenen Reihe erst in der 14., S c h m i d in der 17., M ü l l e r in der 21. Linie. Die zwölf ersten Namen dagegen, Votteler (= Vochthaler, Vohenthaler?) bis Reicherter nehmen für sich allein 554 Nummern ein. Jede Nummer als Familie gerechnet würde etwa 2500 Personen, 20 pCt. der Einwohnerschaft, ergeben, welche sich in jene 12 Namen zu theilen haben, so daß je etwa 200 Personen gleichnamig wären. Das benachbarte Eningen vollends, mit damals etwa 4000 Seelen, zählt nur 165 verschiedene Familiennamen, darunter 131 Rall, 70 Koch, 53 Hummel, 51 Leuze, 44 Maier, 37 Jäger, 36 Sautter, 26 Mühleisen, 25 Kuhn, je 22 Eitel und Lotterer, 21 Wick, 20 Hespeler, je 17 Eger und Groß, 13 Fausel, je 11 Hoffmann, Reck, Knieß, Schaufler, je 10 Beck, Dürr und Passauer, je 8 Baber, Kromer und Maber. Man kann also annehmen, daß unter die 4 Namen Rall, Koch, Hummel, Leuze, etwa 1200 Personen fallen. Wie diese 1200 sich unter einander auskennen, ist ihre Sache. Wer aber auf kein anderes Material als die hier von uns gegebenen dürren Namen gestützt den Schluß zieht, daß diese beiden ihm sonst gänzlich unbekannten Orte durch und durch bürgerlich seien — der hat vollkommen richtig geschlossen.

Fordert man Familiennamen im strengsten und engsten Sinn des Wortes, so wären, die Familie zu fünf Personen gerechnet, für Deutschland etwa 8 Millionen verschiedener Namenbildungen erforderlich. Diese phonetische Contribution aufzutreiben, wäre aber selbst unser laut- und formgewaltiges Deutsch nicht fähig. Freilich, man stellt auch eine solche Forderung nicht; der Familienname ist nicht eine statistische Funktion, will nicht arithmetisch sondern; er ist vielmehr das natürliche Produkt organischer Verhältnisse, er ist eine sittliche Satzung. Er will nicht das bekannte statistische Elternpaar mit den bekannten von der Statistik geforderten brittehalb Kindern zusammenhalten, er will dieses Verhältniß von Stufe zu Stufe in immer weiteren Bogen sich spannend durch die Jahrhunderte hinuntertragen, will einen Tropfen aus der Brust der Ahnfrau, einen Tropfen vom Blute des Ahnherrn noch den spätesten Enkeln erhalten, auf daß sie wissen, daß sie mit Hunderten neben, mit Tausenden vor ihnen eins sind. Darum hängt in unsern arischen Sprachen das Wort „Name" auf's Innigste

zusammen mit dem Wurzelworte für den Begriff des Zeugens und Geboren-
werdens.

Das statistische Minus an Namen war zu allen Zeiten vorhanden und
darum dürfen wir auch ohne geschichtliche Zeugnisse, ja in scheinbarem Widerspruch mit ihnen, ledlich annehmen, daß auch vor dem Jahre 1200 und
1100, daß in den frühesten Zeiten schon unsere Voreltern sich auf dieselbe
Weise ihren Privatbedarf verschafft haben, wie es das 13. und spätere Jahrhunderte gethan. Auch sie konnten unmöglich ausreichen mit ihren einfachen
Hugibald oder Hugo, Karl und Friedrich, Ludwig und Heinrich. Wir wissen
zwar aus Förstemanns altdeutschem Namenbuch und aus andern Sammlungen, daß dieser alten Namensformen Tausende und aber Tausende sind,
aber genügen konnten sie unmöglich. Nur eben entzieht sich uns die geschichtliche Kunde dieser ältesten Zunamen, der Kose-, Scherz-, Spott- und Witz-
namen, und zwar darum, weil sie nur in den engeren Kreisen des Geschlechtes, des Dorfes, der Stadt dem vertraulicheren Verkehre dienten.
Darum fehlen sie auch in den zahllosen Zeugenunterschriften der älteren
Urkunden beinahe ganz und gar und erst allmählich sieht man diese sondern-
den Beisätze zu den alten deutschen Namen treten. So steht in einer Urkunde von 1166 ein Sigefridus Zurech als Zeuge und neben ihm schlechtweg ein „alius Siegfridus"; ebenda Engelhardus de Winsberch, pincerna,
et alius Engelhardus. — Noch einfacher 1194, wo Gotefridus de Scharphin-
berc dem Abte Heinrich von Lorch als Eigenleute übergibt: Berlinden,
Berlinden, Heinricum, Adelheidem, Adelheidem, Bertham. Oder das
Alter scheidet; so 1203 Sifredus senior, Sifredus iunior, Albertus maior;
im 12. Jahrhundert Hermannus minnevus (Köln). Noch spät herab, 1448,
erschienen in einer Ertinger Urkunde (Oberschwaben) drei Brüder Althans,
mettelhans, junghans, die Swelher von hölnstain. Im Habsburger Urbar
(ca. 1300) wird einigemal unterschieden durch den Beisatz der mittelst, der
niederst (wozu als Dritter der oberst zu ergänzen) was sich freilich auch
auf die vertikale oder horizontale Lage der Wohnsitze beziehen könnte. Dieses,
der Beisatz des Wohnsitzes wurde ohnehin das geläufigste Mittel der Namen-
scheidung. Auf ihm beruht ja bekanntlich das noch heute geltende adelige
von. Auch in diesem Punkte wie in manchem andern, guten und minder
guten, stehen Adel- und Bauernstand sich am nächsten; ihre Namen sind die
ältesten, zwischen beiden heraus wuchs bürgerlicher Stand und Name.

Und welche Laute, welche Namen — so fragt vielleicht eine schöne Leserin
— erlangen denn in jenen fernen Zeiten im engen Kreise der Familie?
mit welchem Namen ruft der Vater den Söhnen, die Mutter den Töchtern,
wenn sie dasitzt in der Halle der Burg oder im kleinen Wurzgärtlein braußen
am Zwinger „und herrschet weise im häuslichen Kreise?" — Auch darüber
ist nicht alle Kunde versiegt; nur müssen wir uns in Ermanglung zeit-
genössischer Dorfgeschichten und Familienromane an vereinzelte und zufällige,
aber darum vielleicht um so zuverlässigere Daten vertrockneter Pergamente
halten.

So lebte zur Zeit Ludwig's des Frommen im Jahr 842 des Herrn
am oberen Neckar, ungefähr im heutigen Oberamt Balingen, eine gottes-
fürchtige Mutter Namens Meginrat mit einer gleichnamigen Tochter Meginrat und zwei Söhnen David und Salomo. Bedenkt man, daß
Meginrat „stark an Rath" heißt, so muß man bekennen, daß in dieser

Familie viele Weisheit sich vereinigt. Ob es aber nicht weiser gewesen wäre, wenn die Leute ihre Gütlein in Nusplingen, Fronstetten und Winterlingen selbst behalten hätten, statt sie dem Kloster von St. Gallen zu vermachen, bleibe dahingestellt. Die in jener Zeit sehr ausnahmsweisen biblischen Namen zweier Brüder lassen vermuthen, daß schon an der Wiege der beiden etliche fromme Männer von jenseits des Sees gestanden und die geeigneten Einleitungen zu späteren Maßregeln getroffen haben. —

Im Jahr 838 erscheint in der Gegend von Ehingen in Oberschwaben ein Herr Pato mit seiner Gemahlin Cotalinde, einem Bruder Engilram und einer Schwester Thiotpuruch (Dietburg); seine Tochter heißt Hiltipuruch (Hilbeburg). Sehr häufig ist die Gleichnamigkeit von Vater und Sohn. Herzog Friedrich von Schwaben und seine Gattin Agnes haben (1102) zwei Söhne Friedrich und Cunrad. Im gleichen Jahr ein Ehepaar Eberhard und Richinza mit drei Söhnen Eberhard, Bertold, Abelbert; 1096 Marquard mit seinem Weibe Friderun und einem Sohne Marquard; 1147 Sigeboto Vater (jetzt Seyboben) und Sigeboto Sohn; die Gattin des letzteren Mathildis, seine Tochter Hilteburgis; 1125 ein Ehepaar Hartmann und Abelhaid mit den Söhnen Abelbert, Ubalric, Hartmann; 1171 zwei Brüder Sigeboto und Trageboto; 802 die Brüder Nidger, Otger, Habubert; im 12. Jahrhundert vier Brüder Sigeboto, Abelbert, Folmar, Wimar (Volmar-Volkmar, jetzt Vollmer); 866 wiederum vier Brüder Amalpert, Richpert, Otpert, Otger; ähnlich 874 Meginbert, Fribibert, Walbbert, Ratfrib; auch 878 scheinen Ratmund, Thingemund, Gemund drei Brüder zu sein; 882 Cunzo mit der Gattin Hilbiburc und dem Enkel Cunzo. Eine Familie von sechs Personen im Jahr 1100: Wolfram und seine Gattin Azela; ihre Söhne Johannes, Bischof von Speier und Zeizolf; Söhne des letzteren, Abelheid und Jubba; 1121 Hatho de Wolfvoldiswendi (Wolpertsschwende, Oberamts Ravensburg), sein Sohn Hawin und dessen Töchter Hazicha, Kuniga, Hemma (= Emma) und Touta, der Sohn der letzteren wieder Hawin. Eine Mutter Habewig (1157) und ihre Töchter Habewig, Hilbegund, Walbburg, ihre Söhne Walther, Herold, Heinrich. Zwei biblisch getaufte Töchter Elisabet und Salome hat die Frau Friderun (1147). Heinrich Markgraf von Ruomisperc (1182) hat von seiner Gattin Uobilhild zwei Töchter Irmingard und Abelhaid und drei Söhne Heinrich, Kuonrad, Gotefrid. Endlich noch (1101) die vier Brüder Sigfrid, Cuonrad, Eberhard, Ogoz (= Otgoß, vielleicht die Urform des Namens Ochs) und (1116) die Mutter Richenza mit einer Tochter Mahtilde und einem Sohne Werinhar.

Alle diese Beispiele sind dem wirtembergischen Urkundenbuch entnommen, daher meist schwäbisch. Vom untern Rheine, aus Köln 930 sei genannt das Ehepaar Erlewin und Thietula mit Tochter Berenswiet (= Bernswind) und den Söhnen Hemmolf, Thiebolf, Berenger (= Bernger). — Fast gleichnamige Brüder Alger und Abelger (1138), Burchard und Burchard (1093). Auch Pfalzgraf Rudolf II. von Tübingen hat (1240) drei Söhne Rudolf, Rudolf, Hugo, und — das merkwürdigste mir bekannte Beispiel: a. 1293 Conradus et Conradus itemque Conradus, Conradi quondam Furstonis filii (Mone II, 91).

Ein sparsamer Mann muß dieser Herr Conrad Fürst gewesen sein und wenn die Mutter die Dreieinigkeit ihrer Schlingel nicht in das phonetische Prisma Runo, Runz und Kurt zerlegte, so mag der Himmel sich ihrer erbarmen; denn wie sonst wollte sie herausbringen, welcher von ihren Gutebeln heute den Obstgarten geplündert, gestern im Hühnerstall die Eier ausgeschlürft, vorgestern mit Vater Conrad's Armbrust die Hauskatze erlegt hatte? „Es ist ein Kreuz und ein Elend mit den Buben," seufzte sie; „wenn der Kunz doch nur wenigstens Fritz und der Kurt Heinz hieße, so wollt ich schon Meister werden; so aber, wenn die Schlingel nicht sauber unterm Brusttuch sind, reden sie allstund hövisch dütsch, die Unbände, als ob sie zwanzig Jahr lang am staufischen Kaiserhof gedient und dem Herrn Walther von der Vogelweid selber den Stegereif gehalten hätten, die Valande, und schiebt's immer der Cuonrät auf den Cuonrät; hättest du nicht zum wenigsten den Kunz Eberhard taufen können, als wie mein Ahn geheißen und den Kurt Ulrich, wie sein Pathe der Ulrich Langenmantel von Augsburg sich schreibt? Die Base Abelgundis drüben im Steingaden ist nur leider Gottes eine verlassene Wittib und hat sieben lebendige Buben und hat ihrer jeder seinen ehrlichen christlichen Rufnamen, der Heinz, der Kunz, der Uz, der Lutz, der Seiz, der Lenz und der Benz, daß es nur so eine Freude ist. Und beim Kurt hat der Kapellan selber gesagt, wie er auch den wieder Cunrat taufen sollte, drei Gebrüder desselbigen Namens, das sei ihm niemalen fürkommen, solches sei schier unheimlich und schmecke nach Heidenthum und wisse er nicht, ob er's vor seinem Bischof verantworten könne, und wiederum ...." „Bei den 11,000 Jungfrauen von Köllen, deren 11,000 Namen du wohl auch am Schnürlein hast, Alte, hör' auf" — so sprach da Herr Cunrad Fürste, warf dem Feldmann einen abgenagten Rehschlegel zwischen die Zähne und that einen langen Zug aus dem Steinkrug so vor ihm auf dem eichenen Tische stund. Herr Cunrad der Erste saß nämlich im Erker und vesperte. „Also, hub er an, liebwertheste Abelgundis, Tochter der gleichfalls so benannten Frau Abelgundis und des Herrn Adelger, genannt der Habich von Hapsisau, so haben wir, um von hinten anzufangen, dem besagten frommen Kapellan dazumalen für seine christliche Mühwaltung einen gülbenen Byzantiner verehrt und ihm dazu unter vier Augen bemerkt, daß besagter Cunrad Fürst, der Vierte seines Namens, das ehrliche eheliche Kind seines Vaters sei und daß dieser Vater in vorliegendem und hoffentlich noch in verschiedenen nachkommenden Fällen sich nach altem schwäbischem Brauch und Recht des Namens Wahl vorbehalte. Unheimliches und Schmack nach Heidenthum anbelangend, wolle ich zu Gott bitten, daß er vorliegendem Cunrad dem Vierten dereinstmals ein ehrlicheres Ende vergönnen möge, als dem gleichnamigen Herren, meinem lieben Gebieter dem hochedlen Könige Cunrad zugefallen, als welchem die Pfaffen im Welschland sein letztes Süpplein gekocht. Anbelangend die Base Abelgundis und ihre sieben Orgelpfeifen, den Heinz, den Kunz, den Uz, den Lutz, den Seiz, den Benz und den Lenz, so hat diese arme verlassene Wittib Schatz genug in ihren Truhen, einem jeden ihrer Rangen seinen eigenen Namen und, wie man hört, auch Schatzes genug, einem jeden seinen eigenen Magezogen zu halten; brauchen könnten sie's. Anbelangend die Katze, die sie vom Dach heruntergeschossen, so hat das der Kurt gethan, denn einer meiner Bolzen steckte dem zähen Kunder im Pelz und nur der Kurt kann meine Armbrust spannen; der Bursche hat

Sigfridskraft und ein Meisterschuß war's; daß er kein Sigfridsfell trägt, hab ich ihn auch schon verspüren lassen, obwohl vorbesagter Herr Walther singt: nieman kan beherten kindes zuht mit gerten. Und anbelangend ferner....." Doch nein, wir wollen die häusliche Scene aus dem 13. Jahrhundert nicht weiter belauschen. Der süße Streit um den Namen des Kindes ist ja ein uraltes Erbtheil gemeinsam jedem Volk und jeder Zeit. Die Sitte, den Kindern einen häßlichen Namen zu geben, kenne ich nur bei einem einzigen Volke, bei den Siamesen. Die Absicht aber ist auch bei ihnen, wie wir aus A. Bastian's Reisewerk lernen, eine gute und hängt mit einem allgemein menschlichen Aberglauben zusammen: der unschöne Name soll gleichsam eine Sühne sein, um den schönen Träger desselben gegen Neid und Schädigung der bösen Geister zu feien. Kommen wir zum Schluß.

Die geschliffenen Granitquader altägyptischer Bauten, erzählen die Reisenden, seien oft so haarscharf Stein auf Stein gefügt, daß keine Spitze des Federmessers die Fuge zu finden wisse, und Aehnliches haben wir irgendwo von der Kunst der chinesischen Schneider im Zusammenflicken zerrissener, oder wie man in Augsburg sagt, zerbrochener Hosen gelesen. Ein ähnliches Wunder begegnet dem Namenforscher auf Schritt und Tritt bei zusammengesetzten Eigennamen. Hie und da bringt schon die bloße Schreibung die gesuchte Fuge zum Vorschein — Künzelsau liest sich ganz anders, als Künzelsau und Jedermann sieht sofort, daß hier von der Aue des Künzel, des Kunzilo die Rede ist, worauf ihm denn auch die Rahmsauer, Helmsauer u. a. sich unschwer enthüllen. Wer Erlenspiel heißt, wird über seinen Namen kaum klarer werden, wenn ihm ein Herr Erlenspiegel vorgestellt wird. Mit vereinten Geisteskräften aber finden sie vielleicht, daß ihre beiden Namen mit Erlen, Spiel und Spiegel nichts zu thun haben, wohl aber ein und dasselbe sind, sobald sie s in s wandeln. Dann ist es der ursprüngliche Ortsnamen Erlins-bühl, altdeutsch des Bauern Erili oder Erlin buhil, buchil, bühl, auch büchel (daher die Pichler, Büchler, Bühler ꝛc.), biegel u. s. f. gesprochen und geschrieben. Das genitivische s ist der häufigste, aber keineswegs der einzige Buchstabe, der sich in solchen Maskenscherzen gefällt und die Sache wird doppelt gefährlich, weil der sinnlos gewordene alte Name vom Volksmund auf alle mögliche Weise wieder umgewandelt wird, um einen neuen Sinn hineinzubringen, wenn dieser Sinn auch ein Unsinn ist. Ganze Generationen bemühen sich aus dem modernen Namenforscher den mißtrauischsten, ungläubigsten, kopfschüttelndsten Menschen zu machen, einen Dionys und Tiber, der überall Fußangeln und Selbstschüsse, Lug und Trug, Verrath und Ueberrumpelung wittert, ihm die Milch der frommen Denkungsart in gährend Drachengift wandelt und ihn aus einem harmlosen guten Menschen zum unglückseligsten Geschöpf auf Gottes Erdboden macht. Ein Mitglied der geheimen Polizei, ein Detective und Gensdarm sind unschuldige Lämmer gegen die Adepten unserer Zunft. Wir trauen gar keinem Menschen und gar keinem Passe mehr. Wenn uns Herr Kurz oder Schwarz vorgestellt wird, so lassen wir ihn, statt ihm einen Platz auf dem Kanapee zu bieten, auf der Schwelle stehen und mustern ihn von Kopf zu Fuß und sind innigst überzeugt, daß dieser Mensch eigentlich Lang oder Weiß heißt und nur durch irgendwelche theils äußere Familienwandlungen, theils satanische Lautverschiebungen von Jahrhundert zu Jahrhundert herab immer weniger lang und weniger weiß geworden, schließlich in sein Gegen-

theil umgeschlagen sei. Wir betrachten die Menschen nicht mehr als heitere
Gestalten der harmlosen Gegenwart, sondern als entartete Sprößlinge einer
bessern Urzeit, die auf dem Wege des phonetischen Schubs bis in das neun-
zehnte Säculum herunter, im strengsten Sinn herabgekommen seien. Und
ist es ein Wunder? Haben wir nicht für jeden Wandel und Wechsel, für
jede unwahrscheinlichste, unglaublichste Täuschung Beispiele und Analogieen
genug in unsern Sammlungen? Auf solche Täuschungen hinzuweisen, Beispiel und Warnung zu geben, ist einer der Zwecke des nachfolgenden alphabetischen Verzeichnisses alter Namen — sofern von Alphabet die Rede sein
kann, wo alt- und neubeutsche, ober- und niederdeutsche Formen neben
einander stehen wollen.

Meine Zusammenstellung macht keinen Anspruch auf Vollständigkeit;
ich hätte sie aus meinen eigenen Sammlungen verdreifachen, Andere werden
sie verzehnfachen können. Sie will noch weniger eine Sammlung von Cu-
riositäten sein, wiewohl es ihr an solchen nicht fehlt. Dagegen will sie einem
Mangel abhelfen, an dem alle bisherigen Namenbücher — das Förstemann'sche
Werk gehört nicht hieher — mir zu leiden scheinen und der Hunderte von
falschen Deutungen erzeugt hat: sie will ihre Namen möglichst weit zurück
aufsuchen und sie mit Angabe der Fundzeit und des Fundortes urkundlich
niederlegen. Die Mißachtung der älteren Formen und fast noch mehr der
die einzelnen Länder und Gegenden charakterisirenden Ortsnamen hat auch
Männer wie Pott und Vilmar zu manchen Irrthümern verleitet, hat manches
Richtige ihrem Auge verdeckt. Wahrhaft lebensgefährlich wird die Deutung
von Familiennamen auf den Grenzgebieten gegen andersprachige Gaue,
besonders auf deutsch-slavischem Boden und im Süden gegen die rätisch-
romanischen Marksteine zu. Für letztere Gegenden hat schon Ludwig Steub
in seiner „Rhätischen Ethnologie" (Stuttgart 1854) warnende Fingerzeige
gegeben.

Der Leser, bitte ich, möge in diesen Blättern Alles suchen, nur kein
systematisches Buch. Ich habe einen Theil dessen, was ich aus Anlaß anderer
Studien gelegentlich gefunden und notirt, hier zusammengestellt, weil ich zu
wissen glaubte, daß es noch kein Anderer in dieser Weise gethan und weil
ich hoffte, manchem damit einen Dienst zu erweisen. Ich wollte auch keineswegs überall Erklärungen geben; ich überlasse dem Leser Manches zum eigenen
Suchen und Finden, und ich überlasse wohl auch den Nachfolgern auf der
Bahn der Namenforschung, oft in der Hülle sehr gewöhnlich aussehender
Formen, noch Manches zum Nachdenken, Vergleichen und Enträthseln. Bei
der Auswahl der Namen hat mich kein bestimmtes Prinzip gebunden; der
seltenste Name steht neben dem alltäglichsten; gar oft hat nur eine formelle
Eigenthümlichkeit für die Aufnahme entschieden. Auch meine Quellen waren
zufällige. Ich führe als die hauptsächlichsten nebst den für sie gebrauchten
Abkürzungen an: 1) Ein Augsburger Bürgerbuch (AB.) handschriftlich auf
dem Archiv von Augsburg, 2) Eine Menge handschriftlicher Sammlungen
von oberschwäbischen Namen, die mir von Herrn Dr. M. Buck in Aulen-
dorf freundschaftlich mitgetheilt wurden, 3) Die Chroniken der deutschen
Städte (Augsburg, Braunschweig, Magdeburg, Nürnberg) herausgegeben
von der historischen Commission (allgemein mit Chr., die einzelnen Städte
mit AC., BC., MC., NC., bezeichnet), 4) Die deutschen Reichsakten (DR.),
5) Ennen's Geschichte von Köln, 6) Sammlung altbayerischer Namen von

Geiß, in der Zeitschrift für Oberbayern, 7) Das Habsburger Urbar aus den ersten Jahren des 14. Jahrhunderts (HU.), 8) Die „Historischen Volks= lieder der Deutschen" (Hist. V.), 9) W. Hundt's „bayrisches Stammen= buch", 10) Kehrein's Volkssprache und Volkssitte in Nassau (Kehr.), 11) Karl Pfaff's Geschichte von Stuttgart, von Eßlingen und von Möh= ringen, 12) Quellen und Erörterungen zur bayrischen und deutschen Ge= schichte, herausgegeben von der historischen Commission (Qu.), 13) Ein Reutlinger Pfründbuch aus dem Ende des 15. Jahrhunderts (Reutl. Pf.), 14) L. Schmid's Geschichte der Pfalzgrafen von Tübingen, der Grafen von Zollern=Hohenberg u. f. w. (Sch.), 15) F. Müller's deutsche Sprachdenk= mäler aus Siebenbürgen (Sb.), 16) F. X. Wegele's „Friedrich der Freidige", Nördlingen 1870 (WF.), 17) Das Wirtembergische Urkunden= buch (WU.). Hie und da ist auf das „Mittelhochdeutsche Wörterbuch" (mhd. wb.) verwiesen.

Aberdar; Fritz v. Seckendorff A.
genant, 15. jh. NC. [Vergl. „wir
sin et aber hie" Nibel. 2043. 2068.]
Heinricus dictus **akhergauk** 1267,
Herman a. von wrmelingen 1296,
Heinrich Cunrates sun ackerganges
von Wurmelingen 1299, Sch. [mhd.
wb. I, 475.]
Tylo **ackerscholle** 1311 (Erfurt) WF.
Adelber; Heinrich A. 1362, Ab.
[= Adelbert; vgl. Wollenbür =
Wolbero, Wildbret = Wilibreht
etc.]
Aderlater; Henning A. 1403, BC.
[mhd. der lâzer; daraus vielleicht
der Fam.-N. Lauser.]
Affo; Heinrich A. und Ulrich A. sin
sun, 1340, Zürich;
Hamer genant Aff, 15. jh. NC.
[schwerlich = simia sondern ahd.
Affo.]
Affensmalz 1429. Hist. V. 1 [Vgl.
Ayrenschmalz.]
Albisser 1518, Stuttg.
Cristan. **alendach**, Merten allen-
tag 1483, Sb.
Amator 1312, Ab.
Angler; Hans A. 1369, Ab.
Angstwurm, K.; 1756, Geiss. [Vgl.
Brod-, Beiss-, Russwurm; ahd. an-
ger = Kornwurm.]
Anotwahr; wernher A. 1331, Sch.
Antonier; Heinrich A. 1365, Ab.
Apoteker; Fridric. Appotekarius
1337,
Claus Apotecker 1385, Ab.;
Conrad Abbctekere 1383 BC.;
Peter apteker (Frankf.) 14. jh. DR.

Armbavr; Heinrich A. 1366, Gred
Armbavrin, NC.
Joh. **Armbruster** 1336, Philipp. A.
1321 Kehr.
Arnleder 1338 (Colmar) Sch.
Arzt; Meister Cunrat der arzet 1303,
Cuurad medicus (Horb) 1287, Sch.;
Appo der Arzat HU; Jos. Artzat
1376, H. Arzeit 1424, Ab.;
magister peregrinus, phisicus 1362
(Constanz),
Rudeger cirurgicus vir (Haiger-
loch) 1260,
magister Conrad. Sirurgicus in
Horwe 1293, Sch.
Asem (Conditor) 1396, Ab.
Asprianus 1267, Fritz Asprian
Burger ze Rotemburg 1332, Sch.
[Vgl. Zingerle in der Germania V, 108]
Eberhart **dez vfhurnen** 1357, Sch.
Hermann. dict. **Vfstozere** 1277. Kehr.
Hans **Aurhan** 1454, Chr.; Orhan
1248, Buck. [Auerhahn mehr-
fach als Name von Forsthäusern.]
Herman **Aurochs** 15. jh.; NC.
Franz **Ayrenschmalz** 1519, Hundt.
Bader; Reinbard balneator 1293,
Buggen des baders wingarten
1354, Sch.;
Adelhait balneatrix 1325, Cunr.
Balneator 1327,
Heinrich Bader 1329, Ab.;
Hans Paders Padstuben 1437,
Buck.
der **Balduf** 1477, Buck; Peter Bal-
duff 1486, Michel Baltauff 1540,
Ab. [„die zwêne wâren ûf in balt"
mhd. wb. I, 81.]

Baldenweck 1300, Buck; Auberlin Baldenweg 1393, Stuttg.; Hainz Baldenweg 1451, Ab.

Balg; Reinard dictus B. 1187, Köln.

Balckschmidt, Hans, 1508, Ab.

Balehorn 1378, BC. [Balhorn, Dorf in Kurhessen.]

Banwolf; Johann. Panwolf 1290, ·Cunrad Banwolf 1348, Ab.

Conrad. Berenhoufed 1128, Kehr. [Viel eher ein Ortsname; vgl. z. B. Bernhaupten in Baiorn.]

Barfuss; Richolf. Parfuse 12. jh. Köln.

Bargel; Hainric. Scultetus dict. Bargeli 1267, Sch.

Bart; Hans Tewffel genant Bart, 15. jh. NC.

Johannes dict. Bathritter 1376 Sb. [= -rieder?]

Baudistel; Buwen-, Bawen-, Bauen-, Bauwendistel 1447— 1587, Stuttg. [Vrgl. whd. wb. I, 288.]

Henric. Boumhowere 1311 (Erfurt) WF.; Jacob. dict. Baumhauwer 1323, Kehr.

Baumann; Berthold. dict. Büman 1311, Sch.

Baumstark; Peter Bomstark 1507, Stuttg.

Baurenfeind; Johann Purenfint 1348, Ab.; Heintz v. Redwitz Bawrufeind genant, 15. jh. NC. [Das heutige Baurenfreund gewiss nur eine sentimentale Verkehrung, wie Thugut aus Thunichtgut.]

Baurenhass 15. oder 16. jh. (Ravensburg) [zum nächstfolgenden gehörig?]

Bourns, Borruss, Borrhaus 1350—1564, Stuttg. [jetzt Bauerreiss, Baureiss, Baurcss.]

Becker; *) Heinrich Beke 1208, Ab.; Benzen des beken Hvs ze Wendelingen 1342, wernher der Becke 1495, Ab.; Utz, Hainz, Eberhard Bock 1377, Hans Becker 1495, Ab.; Wentzo dict. Beckere 1297, Kehr.

---

*) Nicht nur in Norddeutschland ist bei dieser Namengruppe Verwechslung mit Bach (beke) möglich. Auch in Altbaiern ist schon im 14. jh. — beck ganz geläufig für — bach; so bei Geiss 1302 Bläs-, 1314 Wol-, 1330 Hal-, 1346 Hasel-, 1350 Schaff-, Sten-, 1351 Eschel-, 1356 Trau-, 1389 Leuten-. 1372 Sall-, 1377 Lauter-, 1380 Puchbeck. — Hundt S. 202: „Alharts Peckh. Diss Geschlecht hatt seinen Namen vnd herkbomen von Allhartspach Theispacher Landtgorichts laut aines alten briofs .... diss inhalts ich Friderich der Allhartspeckh von Tcispach .... allo vnser haab vnnd guett zu Allhartspach .....“ [a. 1368]. — Meinen eigenen Namen betreffend, der auf den ersten Blick die norddeutsche Form und Quelle verräth, so lautet die Ueberlieferung also: „Lütke oder Lüdlke [= Ludwig] Willens war oberster Bäcker bei dem Herzog von Braunschweig zu Lüneburg, u. da er hiernach aller anderen Bäcker Meister war, so wurde er von den Hofleuten gemeiniglich Lütke Backmeister genannt. Sein Fürst, als er dieses hörte, befahl dass er und seine Nachkommen diesen Namen immer als einen Geschlechts- und Zunamen führen sollten. Desgleichen bestimmte derselbe auch das Wappen für ihn und seine Nachkommen, nämlich zwei Schieber, mit welchen der Bäcker das Brod in den Ofen bringt, und zwei grüne Kleeblätter im offenen Helm.“ — Diess ist noch heute unser Sigel. Eben so ist der Vorname Lucas, der seit dem Enkel jenes Lütke Willens. Lukas Bacmeister, geboren 1580, bis auf diesen Tag in der Familie erblich ist, sonder Zweifel nur eine gelehrte Latinisirung des niederdeutschen Lüdke, wie auch die alte sonderbare Schreibung Bacmeister auf eine Professorenlaune des 16. Jahrhunderts deutet. Unsern Namen als Appellativum habe ich lange gesucht. Grimm's Wörterbuch führt das Wort auf, aber ohne Belegstelle. Endlich fand ich ihn

Peckelhub 1434, Beggelhaub 1636, Buck.

Steffan **Böckenschlaher** (auch B ö- cker) 1477, Bnck.

Wilhelm. dict. **beggardus**, Heinric. dict. becgardus, sartor (Köln).

Beisskorn; Eberhard. B i z k o r n 1261, Erfurt. [Vgl. betekorn, mhd. wb. J, 862.]

Beisswurm; P e i z w u r i n, Hans Peisswurn 1356 — 59, Ab. [= mhd. biscwurm Bremse? Beisswurm tiro- lisch = Natter.]

Beitenmüller; B y t e n m ü l l e r 1447, Stuttg.

Hänslin **Beitensun** 1390, Stuttg.

Heinrich der **beller** 1308, Sch.

Bern et filius eius B o r n 12. jh. WU.

Bernklau [Ort in Böhmen], Heymo- ran B e r n c k l o e 15. jh. NC. [Vgl. Berenhoufed.]

F. **Pewtler** 1388, NC.

Biderbeman sacerdos 1262, Buck; B i d e r m a n n 1388, Ab.

Henricus **Biwalt** 1148, WU.

Hermann **Bigator** 1347, Ab.

Bintnagel, Hans, 1459, Ab.

Bindenkúbel 1330, (Ravensb.)

Cunrad cognom. **bintriemo** 1239, Kehr.

Bintenschuch 1348, Stuttg.; P i n t- tenschuh 1450. NC.

Konrad v. Ow, genannt **Bindisholz** 1399, Stuttg.

der **Binder** v. Hirsow 1369, Bentz der b i n d e r 1388, Sch.

(**Binder,** B e u n d e r, P o i n t n e r, P a n t h e r etc.); B i u n t e r HU;

Henric. dict. i n d e r B ü n d e (Con- stanz) 1311, Sch.;

Conrat in der P e w n t burger zu Costnicz 1376, NC.

Binkusser, P i n g o s s e r 1304—93, Stuttg.

Contz **Binczenstock** 15. jh. NC.

Hans **Birning** 1373, Sch.

Bischof; Petrus dict. e p i s c o p u s, Bertram e., Daniel c., Anno e., 12. jh. (Köln); Walther B i s c h o f 1308, Ab.

Henric. dict. der **bitter** 1293, Stuttg.

Blank 1313, Ab.

Ulrich **Blaphart** 1487, Ab.

Dietric. dict. **Blarrer** 1267, de Knoe- ringen dict. B l a r r e r 1295, Sch.

C. dict. **blesor** 1268, Sch.; Heinr. B l a s e r 1300, Ab.; Joannes dict. B l a s e r in turri Blasarii (Bläser- thurm in Lindau) 14. jh. Buck.

Rüdger **Blaicher** 1337, Ab.

Heinrich **Pleyfar** (Hessen) 15. jh. NC.

Burkart **Blocksleher** 1321, Ab.

Blum; Counrad B l u o m e 1225, Cuntzo B l u m o c h i n 1299, Kehr.

Hans **Blumenschein** 1447, Stuttg. [„Vogelsanc kan mir niht fröide bringen, mich fröit weder loup noch gras noch b l u o m e n s c h i n" singt der Schulmeister von Esslingen.]

Hans **Blumenstil** 1447, Stuttg.

Bloementreder 1381, BC.

Blumenstengel 1400, Hist. V. J.

Kunlin v. **Blutharsch** 1547 (H a r s c h 1334—1511) Stuttg.

Peter **Blutwurst,** Reutl. Pf.

Bock; Cunrad. dict. B o c k i l i 1288, Dietrich B o c k e l i 1305,

---

Im Hof- und Staatshandbuch für das Grossherzogthum Baden, und zwar merkwürdiger Weise wiederum als Bezeichnung eines Hofamtes, des Oberbäckers oder dergleichen. Ein solcher befand sich bekanntlich schon als Zelt- und Kerkergenosse Josephs am ägyptischen Pharaonenhof, allein die Verwandtschaft hat trotz ihres lockenden Alters etwas bedenkliches.

Nauz bœggeli 1311, Cunrat der Bocke 1379, C. der Bock 1387, Sch.

Bocksplut 1330, (Ravensb.) her Hermann Bocfell 1414, BC.

Pockstirn 1450, NC.

Pochsfleisch Hist. V. II.

Luetfrid und Cunrat gebruder genant die behseler 1292, Lútfrid der bohseler 1296, Cunrat der Bochzeler 1304, Sch.

H. Pogner 1450, MC.

Böhm; Conrad Bohemus 1281, der Behan v. Hirsowe, Bentz der Behain 1348, Sch.; Heinric. advocatus iunior de Plawe, dict. Bohemus; et Heinric. frater eius dict. Ruzo 1291, WF.; Cunrad der Behein 1298, Stuttg. [dazu der Ort Böhmisreute bei Stuttg.]; Heinr. Boham, Joh. Behain 1346, Hans Behem 1476, Ab.

Bombast 1350—1525, Stuttg.

Hain. Bombrot 1262, Buck; Heinr. Boubreht (Bom—) 1344, Ab.

C. Bomerlin 1311, Ab.

der Bonre 12. jh. WU.

Benz Bonross 1390, Sch.

Benze Bonstengel HU.

Heinr. Sumer de Detzenacker 1299, Bercht. Münch de Hessenacker 1303, Stephan Bestnagger 1450, Ab.

Heinr. der Boschegrave genant 1328, Sch.

Bottenschein, Buck. [Vrgl. Blumen-, Maienschein.]

Frideric. cognomento Bradegans 13. jh. Kehr.

Pranthoch von Pferse 1372, Peter Brandhoch 1460, Ab.; Jörg Brenthow 1404, Buck.

Brün (Broi); Albold Braxator 1212, (Erfurt); Dietric. Brivo, Briw, Briwe, Brüwe 1299—1370, Jörg Brey 1547, Ab.; Dietric. Bierbriv 1332—70, Haintz Briuknecht 1367, Ab.; Clesel prew c. 1360. Sb.

Eva Brautschlaipferin 1546, Hundt S. 616.

Melcher Brecheisen 1531, Ab.

Bregler 1318, Ab.

Heinric. dict. Breytfuz 1306, Kehr.

Otte genant der brenner vnd siu bruoder der strobel 1338, Sch.

Brefdregher 1378, BC.

Ulrich Prischuch 1336, Pryschuch 1366, Ab.; Bryschuch 1393, Stuttg.

Brysswerk 1540, (Colmar.)

Heinr. Drittelbecke 1300, Ab. [S. Becker.]

Renhard der Brobege 1315, Walther der brodbegke 1338, Sch.

Heinr. Brotkorp 1329, Ab.

Eberhard Prosem (Betzingen) 1334.

Dyetz Bronber 1419, Sch.

Burcard. de Bliensowe dict. Bruggenschlegel 1265, (Esslingen); Bruckenschlegel 1393, ein Weg bei Stuttgart; Bruckschlegel 15—16. jh. (Ravensburg). [Vrgl. Mühlschlegel u. mhd. wb. II 387 b.]

Ulrich Prugghai 1356, Bruggmaister 1319, Ab.

Hermand. Cus agnomiue Brucho 1218, Kehr.

Brockhose, Brochose 1413, BC.

Benz Bruchseckel 1350, Stuttg. [= Hosentasche? Vrgl. aber auch die schweizerischen F. N. Tösseckel von der Burg Tösseck, Biasseggel von Bisegg.]

Brufs 1310, Ab.

Michael brüloder 1423, Sb.

Bertram Drummegrelle 1369, BC.

Brunsul, V r a n s u l 1350—93, Stuttg.

Sigmund Bschorn 1486, Ab. [Bschorr-, Bschorrwald, Ort in Baiern.]

Henning Bussenschutte 1411 BC. [Dagegen zu B o g e n s c h ü t z vrgl. die slavisch-deutschen Ortan. Bojechic, Bogenschitz, Bogschütz, Buschwitz.]

Bussenmeister 1415, BC.

dict. Bule 1291, haintz d e r b u l 1348, Sch.

(Bühl?) Cunrat d e r Pühel c. 1190, Qu. I.

Ulr. P ü h e l h u o b e r 1296, Ab.

Bullenhals 1360, BC. [-h a l s öfters auch in Ortsnamen.]

Bumpiath 1684, (jetzt P o m p i a t i Ravensb.) Buck.

Bundelfug 1042, Buck.

Buntebart 14. jh. (Köln.)

Wir Grave Burchart v. Hohenberch (und) Grave B u r g i sines Sunes sun 1316; graue B u r g i 1318, grane Bürgin 1321, Sch.

vlrich der Burgender 1312, Sch.

Burggravius, Purggraf 1312—25, Ab.

Dietoric. dict. Burgtor 1288, Kehr.

Cunrad Bürsner, C. B u r s n e r 1347, Ab.

Peter Burtzhan 1618, Stuttg.

Bötenrock 1393, Stuttg. [büsse, flicke den Rock? die niederd. Form wäre auffallend.]

magister C. dict. Buzze 1271, Sch.

Wernhard. Puttigilaer 1171 Qu. I; B v t e g l a r i u s c. 1200 (als Titel) WU.

Eberhard Buzibart 1282, Joh. B u s - b a r t 1380, Buck.

E. Dachs 1340, Ab.

Wigand Dagestel 1376, DR. .

Chunrat vnd Friderich die Dovmen (Regensburg) 1272, Frider.c P o l l e x 1276, Qu. I;

Hainr. D v m e, D a v m, D a u m e 1299—1305 Ab.; Heucke mit dem dumen 1373, BC.

Valentin Dumling, D i m l i n k 1457 bis 1477, Sb.

Ludwig Decarius, C. D e k k e r 1299 bis 1311, Ab.

diemuter 1513, Buck.

Jakob Dichtenkouff 1454, Ab.

her Hermen Dickeshovet 1397, BC.

Henric. dine 1311, (Erfurt) WF.

Dienstman, Gerdrudis Dienstmannin 1302—52, Ab.

Tyrolf 1261, Geiss. [daher Dir u ff etc.]

Dordenbusch 1378, BC. [= durch den B.]

Dordewant 1378, BC.

Dornebusch 1381, BC.

Dornwase 1369, BC.

Merk Doschenschein 1542, Buck.

Dypold Dotarius 1321, Ab.

Mathis Drabsanft, Hist. V. II.

Draechzel, D r a c h s e l, Drächsel 1303—1423, Ab.

Hartmann Drapolt 1304, Ab.

Jörg Dratzieher 1406, Chr.

Hänslin Drissigmark 1393—1451, Stuttg.

Drepenicht 1418, BC.

Chuonrat Trost 12. jh. (Droste, Drost = ndd. drostete = truchsess, dapifer; Ennen p. 429.)

Petter Drüchsess 1400, NC.

Drucketunne 1377, BC.

Jekel druckenpfennig 1360, Sb.

Perthold. nomine Druscilstoze 12. jh. Qu. I. [S. mhd. wb. I, 398, wozu aber die betreffende Stelle unter stöz fehlt; wohl aber ist drüzzels- lac = Schlag aufs Maul.]

Heinr. Tvmme 1326, Ab.

Peter **Tumbgast** 1340, Hundt; H.
Tumbgast 1439, Geiss.
Tvmmermuot 1327, Ab.
Ulr. **Tümmink** 1366, Ab.
Durcenkopf 1318, Ab.
Walther. de **Dürne** 1145, von Thürn
1316, Konrad Dürner 1348, Hundt.
Piscator qui vocatur **Durrehoubith**
1256, Kehr.
Dürrleber 1451—1550, Stuttg. [Bei
diesen Namen sind u. a. zu bedenken
die Ortsnamen 1) auf — leben,
2) auf le, leh, mundartlich lai, ahd.
hlê = Hügel.]
(**Dürrsupp**); zu der dirrensuppen
1537, (Hof in Württemberg) Buck.
die **Dusesserin** 1393, Stuttg.
Ebensang 15. jh. (Ravensb.)
Ch. Ebensun 1356, Ab.
Friderich **Echtentun** (Wildberg) 1313,
Sch.
Heinrich **Efferhen** 1595, Stuttg.
Eggenwas 1258 Buck [= schwert-
scharf? Vrgl. Wessenschneid
in München, = wetz u. schneid.]
Aingehürn 1388, Hans Ainkürn
1152, NC.
Codalric **Aichhorn** 1180 Qu.; Cunr.
Aychorn 1455, Ab. [Ortsname?
In solchen ist -hirn öfters = -horn.]
Heinric. **eremita** 1173, Heinrich ein-
sidel 1207, Kehr.
Hans **Ainweb** 1386, Ab.
Cunrad **Eysellin** 1327, Eiselin 1366,
Ab. (Die Pfechtmeister hiessen vor-
dem auch die Ison, Insel, Eisen,
Buck.)
(**-eisen**); Ruodolf Hoenisen 1315
(Uri), Burkhard Weiss oder Noth-
cisen 1383 (Glarus), Matthys
Streckysen 1500 (Basel), Falk-
cisen 1508 (Basel), Thurnhäuser
1220, Thurneyser 1500, jetzt
Thurneisen in Basel.

dictus **Isenessor** 1275, Cous.
Eisenhauer 1312, Ab.
Frideric. dict. **Isenhut** 1208, Kehr.;
Isenhut 1350—1540, Stuttg.
Heinrich **Isenmann** 1300, Ab.
Jacob dict. **Isenmengere** 1292, Kehr.
Cunrad. dict. **Isenslegel** 1278, Kehr.
der **Ysensmitt** 1362, Buck; Cnus
Ysensmit 1374, Ab.
Haynreich **Eysvogel** 1400, NC.
Itelbylgrin 1410, Sch.
Mathias **Eitelfein** 1534, Stuttg.
graff **Itelfricz** zu Zolr 1419, Sch.
italschelm 1499.
Theodericus **Elysabet** miles, Gisele-
rus Elisabet 1284, WF.
H. **Elspeter** 1311, Ab.
Mechtild. dicta **Entlosin** 1300, Buck.
H. **Engel**, Engelmar, -mair, -man
1303—66, Ab. [Engelboltesberch
1155 = Engelsberg OA. Lentkirch,
WU.]
Heinr. **Engerlin** 1363, Ab.
Sifrid **Enko** c. 1200, WU.
Chonradus **uf der erde** 1194, Qu. I.
Heinr. **Eremith** 1396, Ab.
Hainr. **Eschhai**, Eschai 1339—48,
Ab.
Esel; Lambert. asinus 1136 Kehr.;
Albert. Asinus 1185, Mareward.
Asinus 1207, WU.; Berhtold der
esel, Ber. asinus (Haigerloch)
1297—99, Albrecht der esel 1333,
Sch.; Esel 1393—1492, Stuttg. —
(Frommesel): Sifrid. dict. Asinus
(Landshut) 1240, Sivrid. probus
asinus 1247, Wimar. asinus
1262, Wim. Frumesel 1268, 1272,
Wimar. asinus 1274, Wimar
Vrumesel 1284, Qu. V.
Fritz **Eseltreiber** 1393, Stuttg.
Albrecht **Ewlnsmid** 15. jh. NC.
Faber c. 1200, WU.; Hermann faber
1274, Sch.; Heinrich, Albert, Ulrich,

Johann Faber 1294—1366 Ab.;
Joh. Faber galearum [= hüben-
smid] 1347, Ab.
Ludovic. vahmeister 1207,WU. [mhd.
wb. III, 200.]
Chvurat der Valkhe 1225, Qu. I.
Buncz der valkenner 1366, Sch.
Albrecht Valrus 1302, Albrecht val-
ruos civis in Rutelingen (Reut-
lingen) Sch.
Berczo dict. farre 1299, Kehr.
Ulrich Vaznacht 1367, Ab.
Werner dict. vulhaber 1299, wern-
her vulhaber 1304, Sch.
der Fulleder HU.
faulstich 1465.
Abrcht Vederaugel 1388, Sch.
Hans Federspiel 1532—50, Stuttg.
Embricho Federwisch 1213, Kohr.;
Fedirwüsch 1275, Buck.
Joh. Vegenknopff, -knophe, 1341
bis 1350, Ab.
Jörg Välisser 1438, AC.
Dietrich Valling 1370, Sch.
Jac. Firabend, Firaubend, Feir-
abennt 1313—1540. Ab.
Viertag 1386, Ab.
Hinrik Velehowere 1369, BC.
der Veiste HU.; Marquard pinguis
12. jh. WU.; Vlrich den vaisten
von Ihlingen 1568, Sch.
der Feissabaggo HU.
Hermann Faistermantel 1299, Ab.
Jorg Feltprecher 15. jh. NC.
Wernher Veluwe 1208, WU.
Velschenwint 1304. Ab. [Hier sind
die Ortsnamen auf -wind zu be-
achten, wobei oft schwer zu schei-
den zwischen -s'wind und -schwend.]
Verkenesser (Köln. Ennen.)
fridericus cognomine vesare 1225, d or
veser von wurmlingen 1373, Sch.
Jörg Vesenmair 1433, Ab.
Tilo Vettebone 1381, BC.

Fettenhennen (Köln).
Vettscholder, pinguis scapula
(Köln).
Vetkooper Hist. V. II.
Chunrad. dict. Vewer 1295, Qu. VI.
Werner Furhake 1400—64, MC.
Hainr. Fitel, H. Fidellor, Hainr.
Fideler 1321—69, Ab.
Filiros 1350—93, Stuttg.
Cuonrat Vingerhuot HU.; Finger-
hut 1350. Stuttg.
der Vingernis HU.
Ulr. Vingerlin 1451. Ab.
Hinrik Vingerbank [= -lank?] 1426,
BC.
Heinr. Vinke 1213, Kehr.
Fischer; C. piscator 1281, hainrich
der vischer 1296, 1315, haintz
Rudolff den man nempt haintz
fischer 1373, walther fischer
1373, Phaff Heinrich vischer
1387, Sch.
Cuntz der visel 1318, heinrich min
sune der da haiset vise 1328, Sch.
Erhard Fleschendrunk, Reutl. Pf.
H. dict. Vleischli HU.; Hans flayshll
1364, Sch.
Hainr. Fleischheckel, Fleischekel
1363—75, Ab. [„es sol anch ze den
drein kotombern ieglich flæsch-
hæchel, pech vnd fraguer vnserm
statrihter geben 5 pfenning.“ Ingol-
städter Stadtrecht 1312, Qu. VI.]
Heinr. Flüsman, Flozmann 1303
bis 1318, Ab.
Fochenzer 1350, Stuttg.
Al. diu vorhenne [= Forelle] 1297,
Sch. [Vgl. diu Welt, diu Nixe;
ferner Jungfrau (Köln, Ennen),
noch jetzt Mägdefrau in Thüringen; endlich den Frauennamen Ge-
drût c. 1250, als Name eines Dichters.]
Rudolf Cunrad. et H. dicti Frag-
munde HU.

Beutz **frank**, Bentz der frank, Cuntz frank 1373, Sch.

Heinrich der **Fraz** 1202, Qu. V.; Hainr. **Fratz** 1347, Ab. [dazu Hasenfratz; fretzen = abfressen, abweiden, daher das Wort Fratzfrevel.]

Frawenbiss 1381, Buck.

Frowenhans (daneben Buobhans, Closerhans) 15. jh. (Ravensb.)

Frowendinst 1517, Buck.

Vrouwenlop (Heinrich v. Meissen genant V.) 13. jh.

Bernkopf „der sich nennt **Frawenzucht**", ein Meistersinger 1430, Hist. V. I.

Hainr. **Frech** 1344, Ab.

Heinr. **Freier** 1300, Ab.

Hartmud **Frygedang** 1376, (Frankf.) DR.

Sifrid. **Vrietak** 1197, Kehr; Hainr. fritag 1331, Sch.

Fryes-, Fryslebon 1447, Stuttg.

C. dict. **Fraeudenreich** 1310, Ab.

Hainr. **Friund** 1345, Ab.

Friuntskaf 879, WU.; fritzschaff 1409, fritzenschaff 1416, Buck.

Fries [„Friesmeister, Fries" war u. a. auch der Wasseraufseher: „nach verhür der vriesen die den wiger (Weiher) schoweten" 1427 in Lindau. Sollten das ursprünglich des Wasserbaus kundige Friesländer gewesen sein? Man denke an die weitverbreiteten flämischen Colonieen des Mittelalters].

Sigismund. **Frispyr** 1425, Sb.

der **Frischember** HU.

Johannes **Fryschyser** 1463, Sb.

Fritschol 1291, Ab.

der **frölich** 1373 Sch.; Hainr. Froelich 1406, Ab.

Th. **Frühauf** 1435, Geiss; Stephan frw off 1462, Sb. (Vgl. Baldauf.]

Frühlinger 1393, Stuttg.

N. **Früetrunk** 1495, Geiss.

frustuckel c. 1360, Sb.

Fuchs; mulier quae vocatur Fvhsine c. 1200 WU.; dietrich fuchs 1296, peter der fuhs 1360, Sch.; Heidenrich Schenk genannt Foss 15. jh. (Hessen) AC.; Emercho dict. de Jungefos 1298, Kehr.

Petrus **fuchzloch** c. 1360, Sb.

Jäck **fuchsschwantz** 1466, Buck.

friderich **fylysen** 1337, Sch.

wernher. dict. **vuller** do Gruren (Gruorn) 1260, wernher der füller 1300, Sch.

H. **Fundan** 1422, Ab.

Fundisen 1468, find (-isen?) 1414, Buck.

der **Fünffer** 1350—1503, Stuttg.

Eb. **Fungeller** 1318, Ab.

S. **Fürenpfeil** 1633, Geiss.

Furnagel, Furtennagell, Furtternagel 1378—1546, Ab.

Rudolf **Fuss** genannt Pfaff 1201 (Basel); Herman Pes 1204 (sassen in den Burgen Fussherg an der Wirm und der Maisach; vgl. Kopf), Otto Vuoz 1212, Otto Fuz 1228, Qu. V.

Fussel vnd sein sun Haincz Füssel 1400, NC.

Hainr. **Fuzbaeutel** 1326, Ab.

Futerarius c. 1200, WU.; Bertold. dict. futorer 1287, Sch.

Kristhian **Gabel** 1429, Sb.; Cunrad Furca 1171, WU.

Hainr. **Gagirr**, Gagirre, Gager 1329—87, Ab.

Fritz **Gahaft** 15. jh. NC.

Galghenstake 1383, BC.

Gametze 1299, Ab.

Benzo dict. **Ganusser** (auch bloss Ganussarius genannt) 1290 Albrecht der Ganusser 1333, Sch.

auberlin **ganter** 1373, Sch.

Hans **Gans** v. Stüslingen 15. jh. Ab.
Gantebein 1595, Buck.
Hartlieb **Gensevuz** 1212, (Erfurt).
Heinrich der **Gareis** 1411, G. Gar-
eisen 1424, Geiss.
Heinricus qui **magister hospitum**
nuncupatur 1245, Engelfrid gast-
gebe 1292, Bruder kvnrad der
gasmeizter [sic] 1279, Hainrich
hospes 1314, Burkart der gast-
meister ze Bebenhusen 1322, Sch.
Conrad. **gouche** 1185, Kehr.
Gogreve 1381, BC.
Cunr. **Gebur** 1304—41, Ab.; Werner
Gebur, Werner Geburschaft
1393, Stuttg.; Nicolaus gepawr
1393, Sb.
(**Gebsattel**) stammen aus Gebsattel
bair. L. G. Rotenburg. Der Ort
heisst im 12. jh. Gebesedelen
und daselbst ist ein Heinrich be-
gütert, dessen Frau Geba heisst,
WU.; Ruprecht von Gebsideln
1376, Ruprecht v. Geptzedel ein
Franck 1377, NC.
Kunz **Gebröt**, Gebröten 1344—50,
Stuttg. [mhd. gebret = der bei
einem im Brod steht. Entspricht
vollkommen dem gothischen gah-
laiba, dem romanischen compagnon].
Ulrich **Giger** 1304, Ab.
Gigunfuz, Gigenfuz 1324, Ab.
[Vrgl. mhd. wb. I, 539. Hieher auch
Gaugengigel = mhd. der gugel-
giege, guckengegel = Narr, Geck.]
Gailfuz, -füzze, -fus, -fuzze
1334—46, Ab.
Peter **Geyrhos** 1470, Ab.
Hainr **Gaeiz** 13. jh. Qu. J.; Geyss
1351, Ab. [Gaishaus OA. Waldsee
heisst 1155 Gebizinhus, WU.]

Alber et Albreht **Gaeizgebel** [=
Geissschedel] 13. jh. Qu. I.
Marqu. dict. **Gaizzor** 1282, Buck.
Frid. **Gaist** 1336, Ab.; Hainzel der
Spiritus von Zind (Oesterreich)
1382.
Arnolt der alt **gelait** 1312, Glait
1340, Sch. (= Führer: s. mhd. wb.)
Hainr. **Geler** 1297, Ab.
(Gmelin?) Conrad. dict. Gemach
1289, Sch.; Eberhard Mechelic
1212, Eberh..Gemechlich 1217,
Albert Gemechelich 1288, (Er-
furt); Gemächlich (Köln).
Gemuseus 1536 (Basel; hoissen ur-
sprünglich Gschmus).
Hans **Gnesgern** v. Winsperg 1387, DR.
Sep **gengyssen** Rentl. Pf.
Bents der **Gengel** 1371, Sch.
Gentiflor der Pfäffinger 1475, Flo-
rentin Gentiflor Buchleutner
1678, Geiss.
Gerwer 1300, Buck.
H. **Gereht** 1311, Ab.
Cunr. **Gerengroz** 1333, Ab.
Ulin **Gerstenacker** 1451, Stuttg. *)
Heinr. **Girstenprey** 1403, Ab.; Hein-
ric. de Westerburch (so hiess der
westl. Theil Regensburgs) cogno-
mine Gerestebri c. 1190, Qu. I.
Gersthalm 15. jh. (Ravensb.)
Gervter, Grivter, Gerwuter 1297
bis 1341, Ab.
Hans **Geschmach** 1474, Ab.
H. **Geswind** 1343, Ab.
Gesello 12. jh. WU.; Heinr. Ge-
selle 1300, Peter Gsell 1492, Ab.
Heinr. dict. **Gesellschaft** 1299,
Kehr.
(**Gess**) Gozenriet 1155 = Gessenried
OA. Ravensburg, WU.

---

*) -gerst als zweiter Theil in Ortsnamen (Einöden) des Allgäu, wie Ermengerst,
Hellesgerst ist nur Anhängsel; Ermengerst = Ermenger's Gut, Hof. Umgekehr:
manchmal -bein statt -beund, oder -brüh statt -brühl.

Gevaterman 1338—66, Ab.
Gevatterhans 1450, NC.
Welfel Gwantsnider von Gemünde 1387, DR.
Ulr. Gewalt 1363, Ab.
Gewerlich, Gwerlich 1376, Ab.
Gebolf 1237, J. der Gewolf 1438, Geiss.; Gewolf 1366, Ab.
Gickerling 1288, (Erfurt).
Johans Gierayg äbli gioraiges sel. sun 1373, Sch.; Gierai 1439, Buck.
Gilgenschin 1462, Hist. V. I.
auberli gishübel (Nagold) 1373, Sch.
Ulr. gislin 1300, Ab.
Gladiator 1332, Ab.
Gozwiu Glaphait c. 1120, Qu. I.
Jacob Glaser 1386, Ab.
Heinric. Glaselin 1204, Qu. V.
dez Glacznapfs tochter 14. jh. NC.
Jörg Glasskopf 15. jh. AC. [Wie leicht mochte daraus das heutige Klatzkopf werden, und doch heisst Glasskopf nichts anderes als Glasbecher, Glasnapf!]
Glatises gut 1300, Bøck.
Chunz Glogengiezzer 1372, Ab.
Cunr. Glocker 1343, Campanator 1299, Ab.; der gloggner 1354, Sch.; Gozzo Glockener 1324, Kehr.
Bernt Ghockelbusse BC. *)
Marckart göckli 1351, Sch.
Hermann Goltackir 1307, (Wartburg) WF.
Goltslaher 1450, NC.
Goltsmit 1310, Otto Aurifaber 1334, Ab.
Erhard Goldohs 1379, Ab.
Cunrat Goldast 1399, Sch.
Hainr. Göldlin 1399, Sch.

Heinric. Gvso dict. aureus 1270, Qu. V.; Hilprant Guldin 1341, Ab.
E. Guldenmunt 1450, NC.
her Jacop von der Gulden Luchten (goldene Leuchte) 1456, MC.
guldinschuh 1462, Buck.
Hans Guldenkopf 15. jh. Qu. III. (Vergl. Glaskopf.)
Rudolf. goellarius (= Juwelier) 1192, Buck.
Gornütz 1300, Ab.
Marquard Begozzenbrot 1321, Hainr. Gozzenbrot 1348, Ab.
Gotterbarm, Buck.
N. Gottesknecht 1298, Neugart Cod. Al.
Gotzengel 1350, Stuttg.
Marquart Gotzzeman 1303, Gotzman 1339, Ab.
Wernher Gotzkuchen von Brisach 1338, Sch.
Gozwein 1387, Ab.
Grabisgad 1511—42, Stuttg.
Grasblunder 1319, Ab.
Cunr. Grashay 1318—46, Graishaie 1312, Ab.
Rudiger Grans 1228, Qu. V. [mhd. grans = Schnabel, Maul]
Folmar. de Wilare cognomento Gravva 12. jh. WU.
Grawehose 1370, BC.
Claus Graurock 1450, Hist. V. I.
Graf; Cunrat der graue 1317, Sch.
F. Gryffenclo, Greiffenklau 15. jh. (seit 1192 genanntes Mittelrheinisches Geschlecht) AC.
der Grifhaber HU.
Wol. dict. Griner 1274. volma: der Griner 1284, Sch.

---

*) busse = Büchse. Vielleicht ursprünglich ein Geschützname wie deren die „Hist. Volkslieder" viele aufzählen, z. B. Maurfell, Nachtigall, Narr, die Oesterreicherin, Rose, Säckel, Strauss, Ulmerin, Unruw, Vennerin. Weckauf, Burlebaus, welch letzteres an den heutigen F. N. Hurlebaus anklingt.

(Griech) mulier quedam nomino **Raxa** cognominata **g r e c a** c. 1010 Qu. I.

Heinric. **Griez** 1181, WU.

Dideric. **grimme** 1235, Kehr.

Heneke **Grimovele** (= grimm' übel) 1364, BC.

Johann genant **Grope** 15. jh. (Hessen) AC.

Hans **Groper** (G r ö p e r) 1378, BC.

Ludeke **Gropenghetere** 1416, BC.

Conrad. **magnus** 1311 (Erfurt), Her Hannus g r o s e 1322 (Wartburg), WF.

Hainric. dict. **Grosbrot** 1299, Sch.

H. **Grozkopf** 1311. Ab.

Groshans 1373, Sch.

Thilo **Grotejau** 1365, BC.

Grotemeyer 1381, BC.

G. **Frankengrin** 1551, Geiss. [-grün häußg in Ortsnamen des nordöstl. Baiern.]

Wernher der **Grünaug** 1404, Geiss.

Guginsriet 1350, Stuttg.

Gugeler 1300, Buck; Paulus G u g l e r 1389, NC.

Haug **Gurt** 1270, Sch.

Luitgardim dictam **Gürtelerin** de Calwe 1322, Sch.

Heinrich II. der **Gürtelknopf** (Erzbischof) 1268 (Erfurt).

Abreht der **Gut**, Frid. der Gute 1304, Hainrich d e r G u t e 1348, Sch. bona in Rangendengon que dicuntur d e s g u t e n m a n n e s gut 1300, Dietarich G v o t e r m a n 1352, Sch.

Marquart **Gutpier** 1450, NC.

Ebbeling **Gudgemak** 1350, MC.

Gutheizo 1207, WU.

Gutjar 1295, Buck.

Gutknecht 1497, Ab.

Gutschuster 14. jh. Ab.

Gutwertlin 1347. Ab.

an **gutensans** gassen, in g u t e n - s u n d, by gutensuns brunnen Reutl. Pf.

H. **Gwichtmacher** 1450, NC.

Ruprecht **Haberkorn** 1385, DR.

Vollin den man neunet **Habermacher** 1378, (Uri).

Habersetz 1356, Ab.

Arnold. de **haverwender** 1423, BC

Uolrich **Habich** v. Costenz 1387, DR. [Habichsburk 1116 = Habsburg, K. Aargau. Der Name Habicht ist nicht der Vogel sondern = ahd. Habicho.]

Ulr. **Hadmoter**, H a d m u o t e r 1314 bis 1327, Ab. [Vgl. Diemuter.]

Zacharias der **Haderer** 1384, Geiss.

Vlric. dict. **Hauen** 1311, Sch.

Utz **Hefellin** 1350, Ab.

Hugo **haflnare** 1158, hugo f i g u l u s 1192, Buck; Hiltebolt Hauenare 1180 (Uri).

David **Hafenreffer** 1616, Stuttg.

Cunrad. dict. **Haft** 1296, Kehr.

albrecht **hagenapfel** 1346, Sch.

der **Hagelstein** HU.; h a g e l s t a i n 1305, Cvnrad h a g e l s t a i n 1315,Sch.

Nicolaus **Hakkuncessel** 1396, Sb.

Kristian. **Hökerlink** 1380, Sb.

Halbeisen 1450, NC.

Halbertag 1393—1451, Stuttg. (auch Flurname daselbst).

Halpherr, Hermann H a l b h e r r e 1291—1318, Ab.

Henric. **Halpcunil** 1311 (Erfurt) WF.

Odelric. **halbes laibes** sun 13. jh. Qu. I.

Halfnase 1376 (Aachen) DR.

Halbritter 14. jh. Ab.

Cunrad **Halbwachsen** (accus.) 1388, NC. [j. H a l l w a c h s]; Henric. H a l b g e b a c h s e n de Ratisbona 1330, H a l b e r p h a s s [hierher?] 1389, Sb.

Hainr. **Halpwirt** 1291, Ab.
Jacob **Halbsyn** 1441, Sb.
Halbsuter 1380 (Luzern) Hist. V. I.
Pezthod. dict. **Holopher** 1302, '(Meissen) WF.;
Halover (= hol' über?) 1370, BC.
Lambert. **Hals** 1144, WU.
Roudolf **Halstab** 1210 (Uri); N. dict. **Helstab** 1277, Neug. Cod. Al.
Wernher dict. **Hamuling** 1294, Sch.
wernher der **Han** 1305, Sch.
Bertold **Hanban** 1306, Ab.
Konrat **Hanukrat** 1392—1447, Stuttg.
[krât = Krähen.]
Müller **Hanrei** 1321, AC.; **Haneray** 1465, Ab.
Thoman **Hantschuch** 15. jh. NC.
Hinse **Hanschomeker** 1382, BC.
Cunrat **Hanfstengel** 1331, Sch.
Joh. **Hangenor** 1344, Ab; Hans **Hangenauer** (von Zürich) 15. jh., Stephan **Hangenor** von Augsburg 15. jh. Qu. VIII.
Hannsadam Rodder 15. jh. NC.
Bertholf. **Hering** 1152, WU.; Hans **Häring** 1334 Stuttg.; Ulr. **Häring** 1346, Ab.
Harigel, **Haurigel** 1304 — 1550, Stuttg.
Hans v. Sulz gen. **Harm** 15. jh. NC.
[= Hermelin?]
Werner dict. **Harnasch** 1262, Buck.
Adalbero cognom. **Hertfüss** 1147, (Köln).
Gobelin dict. **Hardevust** 13. jh. (Köln).
Jöss **Hertengriff** Reutl. Pf.
Joh. **Haertuit**, **Haetnit**, **Haernit**, **Hernit** 1335—1411, Ab.
Hans **Harxsto**, **Harkstroh**, Tile **Harckstro** 1405—1501, MC.
Berhtold **Hase**, Berht. dict. **Hase** 1350, bi der **hesinun** agger 1373, Sch.; Hans v. Liechtemberg genant **Hase** 15. jh. NC.

Cunrad. dict. **Hasenbalg** 1291, Sch.
Cvnrad. dict. **Hasenbein** 1279, herchtolt **hasenbein** 1314, Sch.
Hermen **Hazenvangh** 1423, BC.
Jacob. dict. **Hasenvel** 1297, Kehr.
Hans v. Berchten genant **Hassenkröz** 15. jh. Chr.
Hasemoerder (Aachen?) 1376, DR.
Hasenloff 1393, Stuttg.
Hasennest 1450, NC.
Herte **Hasenstab** (Frankf.) 1386, DR.
Rudolf **Hasenzagel** 1298 (Esslingen).
Herman **Haslnuss** 1370, AC.
Hans **Hassenwin** 15. jh. Qu. II.; Haus **Haasenwein** aus dem **haasenhoff** bey Landshut im Bayerland 1417, Sb.
Eberhard **Hubensmit** 1372, Ab.; **Hubenschmid** 1447, Stuttg.
Hubenstricker 1447, Stuttg.
hainric. **houpt** 1373, Sch.; Johannes **Hoybit** 1339, Sb.
Hauptmannsreute, Halde bei Stuttgart, heisst 1293 ff. Hartungs-, Hattungs-, 1592 Hartmannsreute
Cuntz der **Huser;** Ich Mehthild die **Huserin** vnd wir Bertolt, Cunrat, Johans, albreht vnd methilt irü kint 1333, hainrich **huser** 1343, Johan Vlrich vom **hus** 1338, Sch.
der **hussengel** 1433, Buck.
H.dict. **Hvsgenöze** (Essling.) 1278, Sch.
Cunrad **husherre** 1209, Kehr.
Peter **Hawt** 1388, NC.
Els **Hebenstreyttin** 1436, Ab.; Michel **Hebdenstreit** 1591 (Basel; seit Anfang des 18. jh. La Roche genannt).
Ditric. de **Hasinakker** c. 1160, Dietric. de Hahsnacher c. 1200, Qu. I.; D. der **Hächsenacker** 1335, Geiss; Dietreich **Hächsenakrer** 1392, Qu. VI.

Ludeke **Heddernettel** 1381, BC. [alt-sächsisch hettnrwurt = Giftwurz.]

Walther. **Helbelwecke** 1293, Sch.

Cunrad. scultetus de Tuwingen dict. **Halden** 1292; Cunrat H a y d e n 14. jh. NC.

Haltvolk 1312, Ab.

Heldlnrlh 838, WU.

der **Hallant** 1312, Sch.

Halllos 1330 (Ravensb.); Hans H e i-l a s s (Heiloss) 15. jh. Qu. III.

Ulr. **Hellhamer** 1342, Ab. [schon da-mals -hamer = -heimer.]

Eberhardus **helmburgus** 1207, WU.

Merglin der **Helntzler** 1371, Sch.

Epplin **Haintzelmann** 1358, Ab.

Hinrik **Heysterbom** 1413, BC.

Helbeling HU.; Hannss H e l w l i n g 1386, Sch.

Hainr. **Hell-,** H e l l e r i g e l 1297—99, Ab. [mhd. wb. II^a 702.]

Hainr. **Hellgater** 1365, Ab.

Hanns von **Helldritt** 15. jh. Qu. III; Kaspar d e r H e l l t r i t t 1486, Geiss.

H. Stromeir den man nant **Helvogel** 14. jh. NC.

ainer wittib tochter die hiess di **Hel-bagnin** 14. jh. NC.

die **Helkraphzin** 1304, Stuttg.

Conrad **Hellitamphe** c. 1190, Qu. I.

Hellenparter 1330 (Ravensb.)

Helmäffln 1334, Stuttg.

Ulr. **Helmschrot** 1311, Ab. [mhd. wb. II^b 218.]

Joh. **Helmschmidt** 1347, Ab. (Vgl. F a b e r.)

Rudolf **Heltkessel** 1336 (Zürich).

Hermann **Hengest** 1304 (Möhringen.)

der **Herberger** HU.

H. **Herboss,** Hainr. H e r b s t 1312 bis 1324, Ab.; Jacob dict. H e r-b i s t 1315—22, Kehr.

Siffridus **Herllnde** 1207, WU.

Herzog; Ludewich d u x, Rudolf d u x 12. jh. (Köln); H e r t z o g wisircher (Weissgerber) 1344, Ab.

Joh. dict. **Hertze** 1305, Kehr. [= Hirsch?]

Albert **Hesso** 1232, Kehr.; Margraue Rudolf v. Baden dem man sprichet H e s s e 1325, Sch.; gernug H o s s 1371, Sch.

Chonrad. dict. **Hiltbrant** 1255 („Aus der Sitte, den Namen des Vaters beizusetzen, entwickelten sich be-souders in den Städten häufig die Geschlechtsnamon, so in Regens-burg die G u m p r e c h t, H i l t-b r a n t" etc. Qu. V. Aus Hilde-brand ward auch H ö l l e n b r a n d)

Godefrid. et Friderie. fratres dicti **himelstoze** 1242, Kehr. [mhd. wb. II^b 687.]

H. **Hinundher** 1389, NC.

Hinkenden [?] 1309, Ab.

Gerl. **Hirz** 1216, Kehr.; Hirs 1355, Ab.

Heinric. **Hirzlshals** 1207, WU.; Hei-deke Herteshals 1263, Wesse Hartzehals 1420, MC.

Joann. **Herzevogel** (Villingen) Neug. Cod. Ab ; H. Hirsvogel 1450, NC.

Hofer; Everhard. de C u r i a 1212, Eberhard de H o v e 1237, Eberhard. et Walther. de C u r i a 1272, Eberh. de C u r i a und E. v o n d e m H o u e 1287, Fridrich und Otte die H o-v e r 1291, Qu. V. .

Hohenfurch 1309—52, Ab. (Ist auch Ortsn. in Baiern.]

Houmot 1378, BC.

Hainr. **Hochrucke** 1299, Ab.

W. dict. **Hohsliz** 1269, herr walther Hochslitze 1324, Hochschlitz ain edel knecht den man nemmet Schlitzelin 1329, Sch.; Wolff v. Hohenslitz 1376, NC. [mhd. wb. II^b 414.]

Hounswels, de Harnswig, Rerht. de Hovswis 1313—32, Ab.

Heintz **Hode** 1423, Sch.

Hodevlck (= hüt' die Tasche) 1378 BC. [Die heutigen Fickenscher, Fickentscher, Fickelscherer etc. hieher gehörig?]

Conrad **Hofmann** 1313 Ab.

Burchart der **Hofmalster** 1356, Sch.

Holbeln 1290, Buck. [Hohlweg ohne Zweifel ursprünglich Hoh-, Hochweg.]

Heintz **Holenpoltz** 1450, NC.

Heuric. de **Hollundern** 1270, Holundere 1301 (Erfurt) WF.

Heinric. **Holzappel** 1298, Kehr.; Hans Holzapfel 1393, Stuttg.; hormann. holczappel c. 1380, Sb.

Reinhart **Holczsattel** 15. jh. AC.

Cunrad. **Holzstraza** 1232, Kehr.

Hainr. **Holtzhay**, Hotzhain, Hvshay 1324—49, Ab.

Holschucr, Holtschuer 1250, NC.; Holtscomekere 1380, BC.

Andreas dict. **Holcztreger** 1412, Sb.

Seitz **Hormacher** 15. jh (von Ingolstadt, macht einen Bronnen in Augsburg. „Hormaister, Urmaister, Pruneumaister" AC).

Nicolaus **Hornbleser** (Heidelberg) 15. jh. Qu. III.

Chuonrat **Hörneyn** 1392, Qu VI.

Albreht **Hurnboge** 1296, Hirenbogen 1460 (Reutlingen).

H **Hornrichter** 1450, NC. [-richt in vielen Ortsnamen des nördlichen Baierns.]

Albrecht der **Hose** 1399 (Pforzheim).

hosenmann 1300, Sch.

cunrat **hostuch** 1308, Sch

Rvpertus **Hoseflalsk** 1177, Qu. I.

höschll, Bentz höschlin, höschlauff 1373 (Nagold) Sch.

Hundeluft Hist. V. I.

der **huober** 1295, Sch.; Uz Huber 1339, Ab.

Cunrad. dict. **Hubschoman** 1262, Kehr.

(Hufnagel); Huyfnaill (Aachen) 1376, DR.

Emercho dict. **Humel** 1295, Kehr.

huntbiss 1344, Buck; Ritter henggi Humppis 1384 (Ravensburg) Sch.

Huhn; Siffridus Pullus 1207, WU.

der **Hühnerweg** 1451, Stuttg.

Hühnerdleb, Flurname bei Stuttgart, 1350 Hörren-, 1393 Hürren-, 1608 Hünerdiep.

Jörg **Huenerkeufel** 15. jh. AC.

Curt **Hünerwolff** 15. jh. AC.

Andreas **Hundt** 1235, Hundt.

Hermen **Hundeknecht** 1374, BC.

Konrad **Huntvell** 1304 (Möhringen).

Walther **Huntübel** HU. (= Hundhübel, wie Giesshübel? Vgl. Hugendubel.]

Hundsmaul 1506, Flurname bei Stuttg.

Gevert **Hundertmark** 1350.

E. **Hundertpfund** 1542, Geiss.

Hermen **Hunenborstel** 1384, BC. [-borstel = burgstall, häufig in hannoverischen Ortsnamen.]

Hupfuf 1350, Stuttg. [Vgl. Hopfenzitz = hopfundsitz! — „an dem tanz mit dem üf hüpfen" mhd. wb. I, 710.]

Jakob **Hupphahn**, 1391 (Glarus).

Nanz der **Huorer** HU.

der **Hurenwadel** 1520, Buck. [Daher viell. Hühnerwadel; s. oben Hühnerdieb.]

Kaspar **Hurrenschmld** 1527, Stuttg.

Liutolt de **Hurloch** (Hurlach L. G. Landsberg) c. 1200 Qu. I.; Eberhard Hurloch, Hvronloch, Horloher, Hurloher 1312—60, Ab.; Hornlocher 1532 (Basel).

dict. **hurnus** 1293, Sch.; Hainr. Hurnus 1344. Ab.; hans huruss, der hvruss 1414, Buck.

irmengart **hurninges** tohter 1364, Sch.
albrcht **hut** 1292, albrecht der **Hut**
1296, Sch.
Bertold **Hvtwagen,** Hvtwagen 1305
bis 1319, Ab.
der **Hutzel** 1379, Sch.
Hazlunlob 1393, Stuttg. [lob = mhd.
lôh, lô, mundartlich lau, (der Hop-
pelaokirchhof in Stuttgart) unor-
ganisch auch laub, z. B. Linden-
laub; Huzlunlob = ' Huzilun-lôh
das Gehölz des Huzilo. Hutzel-
sieder = der Bewohner von
Hutzels-öd. Auch -loch, -locher ist
sehr oft aus jenem lôh entstanden.
Ilsunck 1288, Ab.
L. **Iltis** 1297, Ab.; Haintz v. Altingen
genant **Iltis** 1392, Sch.
Albert. plebanus de **Indagine** 1238 ff.
FW.
Georg **yrger** 1488, Sb. [= Weiss-
gerber.]
Ulrich **Irrganch** 1300, Ab.
Isenll H. U.; Heinr. **Isenlin** 1347, Ab.
Heinrich **Jackensticker** Hist. V. I.
Sifrid **Jaeger** 1325, Ab.
Alard. dict. **Jung** 1313, Sb.
Nicolaus **Junglink** 1450, Sb.
Friedrich **Judt** 1212, Hundt; Fridoric.
cognom. Judcus 1218, Frid. Ju-
deus 1220, Kohr.; Ulrich Jud
1327, Ab.
das **Judel** 1294 (Regensburg) Qu. VI.
Judenheinez 1388, NC.
Heinrich der **Judman** 1290, Qu. V.;
Judenmann 1359, Ab ; Hildebrand
der Judmann 1413, Georg Jud-
mann 1441.
Gotfridus der **lunevrowen sun** c. 1200,
Qu. I.
Juzzon sun 1319, Ab.
Kabbllaus Hist. V. II.
Kabus 1381, BC.; Otto filius Chon-
radi Capuzzes 12. jh. Qu. I.

Berhtold **Kachel** 1329, Ab.
herr Dieme der **Keekheler** (Kokheler)
1285; Cunrad, Hanse, Bentz Kech-
ler 1349, Sch.
Albert. **calvus** 1186, WU.
her Fridorich **Kalbe** 1331, Frieder.
Keib 1352, Sch.
Henric. **cesar** 1311 (Erfurt) FW.;
Kayser, pistor 1345, Ab.
Cuonrad **calf,** calp, vitulus 1219
bis 1245. Kohr.
Cuonrat dict. **Kelbelln** HU.; Heinric.
Chaelblin c. 1190, Qu. I.; Kal-
belin, Kälbelin 1304 — 1451.
Stuttg.
Kalbeller 14. jh. (Augsburg.)
Jorg **Kalbfell** mezger, Reutl. Pf.
Stephan **Kelbinleder,** Reutl. Pf.
Calciator 1291, Ab.
Hans **Kalchschmied** 1548, Ah.; Cunr.
Kaltschmid 1340, Ab.
Heinr. **Kaltisen** HU.
Vlin **Kambensetzer** 1407 (Lindau)
Buck.
Chamerarius 1299, Chamerer 1321,
Ab.
Lauderus **Kammermeister** 1477, MC.
H. **Kammacher** 1450, NC.
(-Kammer, -hammer, -ammer)
häufig aus -heimer, -gheimer ent-
standen, wie denn z. B. Zeiskam
(Rheinbayern) 1109 Ceizenckeim ist.
Ich Claus Langenlohr den man
nempt Cleinkamer (auch Klink-
hamer, Klinkhaimer, Klinghamer)
AC.; Herkommer, Messikomer
aus Messikon = Messinghofon etc.
Martin **Kantengiesser** 1389, Ab.;
Bertolt Kannenghetere 1374,
BC.; H. Kandelgiesser 1450 NC.
Wasmot **Kannenslegere** 1374, BC.
Henric. de **Kanewerfen** 1311 (Erfurt)
FW.
der **Kanzeler** 13. jh. (ein Dichter.)

Dietric. **Capo** 1318. Ab.

Bertold **Kapuncipphel** 1304, Stuttg.

Charge 1288, Ab.

Karcher, Kärcher 1350 — 1550, Stuttg.

Karrer 1329, Ab.

Heinz **Karnussel** 1451, Stuttg.

Heinric. **Cascus** 1141, WU.; Heinric. Kesc 1299, Kehr.

Keser 1304, Stuttg.; Eberh. Kaeser 1310, Ab.

Käsborer 1334 Stuttg.; Kossborer 1330, Ravensb.

Heinric. **Chastner,** Castnær 1300 Ab.

Cazo 779, WU. (ebenda Hufo, Rami, Matzo, Vro neben anderen voller klingenden Namen.)

Cunrad. **Katzeublz** 1247, Kehr.

Martin **Katzenwadel** Reutl. Pf. [Vor etlichen Jahren war ein Soldat in Augsburg, genannt Homo bonus Katzenschwanz.]

Hainric. **Kauffman** 1311, Ab.; Cvnrat mercator de Baymenkirche (Böhmenkirch) c. 1200 WU. (auch sein Bruder heisst Cvnrad.)

Heinrich **Kauffer** 1429, NC.

Albert dict. **Chebsuon** 1271, Qu. V.

Keck, rostuscher 1437, Ab.

Hans **Kelck** 1437, Ab. [= Kropf.]

Walter **der Kellaer** 1288, Hainrich der grozze keller von Isenin (Isny) 1295, Albert der Kolner 1324, hainrich vnd Vlrich die Kelner 1332, Conrade Kolner (auch C. Keller genannt) 1379, Sch.

Kepler, „= capellarius. von capella Kauzlei; in deutschen Urkunden auch scriver Schreiber genannt" (Ennen). Vergl. aber auch der Kappener 1306, später Käppeler, Buck.

Liutold **Cerdo** 1313, Ab.

Baldebret dict. **Kerns** 1284, Burkart Kérn 1335, Marquart Kerue 1318, Sch.

Kerumbdenstain, panifex 1325, Ab.

albert **Kessel** 1341. Sch.; Hans Kettel 15. jh. NC.

Wernher **Keselrinc** 1249, Kehr.; Hans v. Kesselring 1418, AC.; Kessenring 1122 (Überlingen).

Frike **Ketelhake** 1516, NC

Heinrici **chezzelarii** agrum dictum chezzeleris Ruti 1256 (Uri); Kessler 1373, Sch.

H. **Kesselsmit** 1303, Ab.

Gerung **Keizer** 1312, Ab.

Cunrat **der Kiffer** 1377 (Augsburg).

Ulrich **Kifhaber** 1450, Ab.; Kiffhaber 15. jh. Ravensb. [jezt Kühlfaber.]

Kindlin 1341, Ab; der kindlin 1353, Valentin Kindlein 1467, AC.

Heinrich und Cunrad **Kinthalt** 1332, Ab.

Tobias **Kindsvatter** 1577.

Klnruoss 1595, Buck.

Ulr. **Kirchbrobst** 1318, Ab.

Cunrat **der kilcher** 1296, Bechtold der kircher (hoisst später des kircherreu) 1312, Sch.

Iringo **Kirslache** 1311, Albrecht von der Kirslache 1315 (Erfurt) FW.

Kisling HU.; Kysling 1342, Ab.

Fritz **Kysweter** 1450, NC. [„Fruote bi dem lufte kiesen dô began" = schnute nach dem Wind, Gudrun; „ich kiusez von dem lufte, ez ist vil schiero tac" Nibelungen; mhd. wb. I, 823. Jetzt Kiesewetter, Küsswieder etc.]

Hans **Kistler** 15. jh. Ab.

wernheren **kizzlnen** (accus.) 1282, den Hansen Kytzin von Lindowe, und H. Kitziu v. Lindo 1367, Sch.

[Hierher wohl auch die alemannische Familie Euler-Chelbin = kelbîn.]
albreht **Kltzvel** 1367 Sch.
Heinric. **Chlafslnch** 12. jh., Heinric. Klafsinke Qu. I. V.
Cunrad. dict. **Kleyber** 1300, Kehr.; Klayber 1332, Ab.
Godfrid. et Volcmar. fratres dicti **Clawe** 1269, Kehr.
Friderie. **Chlouvogel** c. 1200 Qu. I.; Klawfligel 1387, Buck. [mhd. klâvogel = Raubvogel.]
godefrid. **Clebesadel** 1216, Kehr.; Klebsatel 1324, Klehsattels gasse, 1366, Ulr. Klebsattel 1455, Ab.
Chlebzagel 1270, Cons.
Gotscalc. **paruus** 1311 (Erfurt) FW.
Marti **Klalnbrot** 1642, Buck. [Zu klein oder Kleie? Letzteres wohl in Kleinschrot, Kleinsteuber, -stöber = -stüber.]
Chlalndlenst 1317, Qu. I; W. der Kleindienst 1359, Geiss.; Clas v. Richshofen genant Kleindinst 15. jh. NC. [= Kleiendunst analog dem Rüebendunst??]
Klalnhalnz 1399 Ab.; Margaretae dictae Cleinhenzen 1318, Kehr.
Hans **Kleyenduvel** (= krau den Teufel) 1380, BC.
Klubenschedel 15. jh. (Ravensb.) [mhd. wb. I, 845.]
Georg **Klingelfuss** 1666 (Schaffhausen.)
Chlingensmit dict. Dvwe, Cristanus Chlingensmit, Ab.
Berhtold **Chlobuchs** 1290, Ab.
Ulr. **Clopfer** 1314, Ab.
Ulr. **Chlozner** 1300, Ab.
Joh. **Klotz** 1327, Ab.
Clawes **Klumpsulver** (= -silber) 1405 bis 1451, MC.

der **Knab**, der Knabe 1333—77 (Esslingen).
Adelhait die **Knäpplln** 1388, Sch.
Knetstuol 1323—96, Buck.
Cuonrat **Clobeloch** 1235, Kehr.; Vlric. dict. Chnoblovch 1297, Qu. V.; Rufo genannt Knobeloch 1304, Stuttg. Mechtild Cnoblochin 1286 (Esslingen).
Mathias **Knofloch** 1488, Sb. [sonder Zweifel identisch mit dem vorigen.]
Hans v. Schaumberg der **Knoch** 15. jh. (ein in diesem Geschlecht häufiger Name) NC.
Knokenhowere 1380, BC. Joh. Knachin-, Knochenhewer 1487, Sb.
Hans Riepp der **knöpfelschueh**, Reutl. Pf.
Chnutz **Knosp** de Rüblingen 1371, AC. [muss dem Namen nach eine angenehme Natur gewesen sein.]
Koch 1300, Buck.; Sighard Koch 1311, Ab.
Koecherlln 1342, Ab.
Cuonrad **Colbo** 1152, Heinric. Colbo c. 1200, WU.
Cunrad. **Kolbendensel** 1248, Kehr. [= dünsel? mhd. wb. I, 361.]
Kolbenmacher 1321, Ab.
Conrad. **Colecnop** 1135, WU.
Kolleffel 1500, Buck.
der **Kolmotze** HU.
Kuolin **Kolross** 1498, Stuttg.
Conrad dict. **Kolhase** 1317, Kehr.
Godefrid. **rex** 12. jh. (Köln); Ludewic. Rex 1311 (Erfurt) FW.; Ulr. Kvnik, Kwnink 1312—14, Ab.
Condltor (Albert, Hormann, Petrus etc.) 1332—1403 Ab.; Heinz Kunditor 1457, hanns Cardutter 1477, Buck.

Chono **der Chophe** 1175, Sifrid.
Chopf 1205, Otto Kopf 1212,
Vlric. der Chopf 1225, Qu. I. V. *)
Fritz Kopf 1362, NC.
Chonraden **den Choppen** von Choppenhoven 1292, Qu. V.
Ulric. **Korf** 1230, Reinhard. dict.
Korp 1309, Kehr.
Korfmecher (Koif — ?) 1376 (Aachen)
DR.
Wernher. **Kornygel** 1235 (Hessen)
[= corniculum?]
Heinz **Kornyssel** 1447, Stuttg.
Kornprobst, Kornbrust [Vgl. „ain
wainprobst, ain tafernaer" Meichelb. X., 370.)
Cunrad. dict. **Cornmarket** 1287—97,
Kehr.
Costenbader Reutl. Pf.; Caspar von
Costboden, Heinrich v. Kosspoth (und Kossbaden) 15. jh. NC.
Kotenpyper 1381, BC.
Wolf **Krabat** 1509, Geiss.
Craft de Halvingen 1191, WU.
Z. **Kraftbohrer** 1617, Geiss.
Conrad. **cornix** 1303 (Merseburg) FW.
Matthias **Krüenschmid** 1541, Stuttg.
der **Krüenzagel** (Croentzagel) 1439,
NC.
Chunrad. **Chramaer** 1175, Qu. I.;
H. Cramer 1311, Ab.
Peter **Kranch** 15. jh. NC.
Kort **Krönesben** 1382, BC.
Ulr. **Craphe** 1288, Ab.
Hainr. der **Cruse** 1304, Sch.
Volz von Nüwenegge den man da
nemmet **Crushar** 1347, voltz Grusshar v. Nuwenecke 1367, Sch.
Rudeger **Crut** 1289, FW.

Fridreich **Krawter** an der Zistelgass 14. jh. NC.
Grutmeister, Gruther, Kräuter
(herbarius, hatte den alleinigen
Verkauf der gruth, des betäubenden Krautes für die Bierbrauerei,
Ennen).
Mathias **Kruthacker** 1492, Stuttg.
Achill **Crautmair** 1356, Ab.
Wikilmann. dict. **Crutsac** 1268, Kehr.
[Das mhd. wb. führt mehrere Spottnamen mit -sac auf.]
Hainz **Krebs** 1451, Ab.
Hans **Krebsscher,** Weistümer 1, 568.
Klaus **Kreidweiss** 1437 (Esslingen.
Ebenda leben noch Kotweiss;
ist das scherzhafte Verdrehung des
erstern?)
Chretze 1294, Ab.
Leonhard **Kretzenmacher** 1461, Ab.
Ulr. **Creutzer,** Crüzer 1318, Ab.
Linpold **Krutzknecht** 1345, Ab.
Jacob. **crucifer** 15. jh. Sb.
Werner **Krieb** 1153, WU.
Stephan **Kriechbam** 1496, Ab.
Hans **Krygenvolt** 15. jh. Chr. (Krygennoit? Qu. VIII.)
Lienhard **Cristan** 1459, Ab.
Gyselher. **Cristeninge** 1311 (Erfurt)
FW.
Crockelhene 1418, BC.
Hartwich **Croph** 1157 WU.; Cunrad
Chropho 1266, Qu. V.; Cropfo
1312, Ab. [Vergl. Kelk.]
Eberhard. qui dicitur **cruoc** 1190,
Petrus dict. Crugelin 1295 Kehr.;
Ulr. Chrvch, Heinr. Chrvgel
1318—23, Ab.
Krumm [Vgl. Grumoltesbach 1155 =
Krummensbach OA. Ravensb., WU.]

---

*) Latinisirt heissen diese Kopf Cyphus (s. Glaskopf). Sie sassen zu Kopfsburg bei Erding (Baiern). Was ist nun das erste? Die Burg von den Insassen oder umgekehrt? Wenn letzteres, so erinnert Kopfsburg an den Namen (Donau =) Stauf was ja auch ein Becher heisst.

Heinr. **Krumbhar** HU.

Jacoff **Krumpholcz** 15. jh. Chr.

Humbert.**Crnselphennink** 1209,Kehr.

[Vgl. griusen, mhd. wb. I, 577.]

Hanns v. Luchaw den man den Kübaren nennt, 15. jh., Qu. III.

Hans **Kübelwein** 1557 (Reutlingen). R. L. und C. dicti **Chvbelera** 1269 Neug.Cod.Al.; K üb ler 1419, Buck.

Kuchler 1376, Kuchler 1423, Buck.

Kükenvogt 1379, BC.

Heinrich **Kuchenmeister** 15.jh., AC.; Diterich m a g i s t e r c o q u i n e 1218, (Köln).

Elta **Kümaistrin** 1416, Kun-, Kümeister 1423, Buck.

Vlrich **Ohvfer** 12. jh., Qu. I.

Michael **Kühfuss** 1635, Stuttg. [Eine Wirtemberg. Familie des Namens liess sich vor 30 Jahren in Reiff umtaufen].

Kuschinkel 1343, Ab.

Nik. **Kühorn** 1447—1512, Jakob Walther genant Kühorn 1497, . Stuttg.

Hans **Kulchesslich**(var. Külchesleich) 15. jh. (Thüringen) AC.

Kulenhower 1372, BC.

Ulr. **Chumber** 1288, AB.

Heinr. **Chömich** 1294, AB.

der **Kumpf** 14. jh., NC.

gumpost 1416 Buck; Heinrich C o m p a s t e r e 1212 (Erfurt); [K o m p o s t e n, Einöde bei Memmingen, Baiern.]

Heinzman **Kündig** (latinisirt P a r c u s) 1366, (Basel).

Kuntenkost 1380, BC.

Bertold **Cuphersleger** 1288 (Erfurt), Kort K o p p e r s l e g e r 1375, BC.

ffridrich der **Kupfersmit**, frisse der K. 1311—19 Sch.; Cunr. G ippher s schmit (?) 1341, AB.

Brant **Kovpenhower** 1384, BC.

Kvrsner 1318, Ab.

Ber. de Ledern dict. K y r s n e r 1312, Ab.

Joh. der **Kurzennagel** 1453, Hans .K i t z e n n ä g e l 1597, . J. Kitz nagel 1600 Geiss. [= kürz den Nagel?]

H. **Kurtzmeil** [soll wohl K u r t s w e i l heissen] 1309 Ab.; K u r z w i l Hist. V. I.

Kussenpfenning 1457 (Ravensb.) Bechtold K y r i e l e y s o n 1366, Weistüm. IIIJ, 419.

Georg **Labenwolf** 1388, NC.

Hainric. **Laecheler** 1267, Sch.

der **Ladruscher** 1376, AC.

Bertold. qui dicitur **Läger** c. 1200, WU.

Herman **lamichnit** 1356, Sch.; Peter L e m e n i t t 1460, Chr. L a m m a n n i t 1480, Jörg L a m m i n i t 1498, Jörg L u m i n i s t 1499, Ab.

a) Chonrad. dict. **Lamph** 1268,

b) Conrad. dict. L a m p 1268, c) Konr. daz L a m b [identisch mit a], her Conrat daz l a m p e 1281, vulgo dictus l a m p 1299 [Lenppen müli 1331 schwerlich hierher] Sch.

Lammelin 1321, Ab.

Marcward. **Lambesbuh** .1207 , WU. [= bûh Bauch? oder buoh Buche, Buch? in letzterem Fall Ortsname.]

(**Lampart-, ter**) Lampolteswilare 1122 = L a m p e r t s w e i l e r, OA. Saulgau, WU.; Johann der L u m b a r d e r 1376, DR.

Klauss **Lantfarer** 1350, Stuttg.; d e r L a n d f a r e r 1451, ein Weg bei Stuttg. („ez ensol dehein lantvarer niht lenger in deheiner gebiet sin wan vntz er dri hobsit sv iem nem" 1300, Freisinger Landfriede Qu. VI.)

Landschade 15. jb. Qu. III.

Veit **Lantwüst** 15 jh., NC.

Longus, Marquard L a n g 1313—14, Ab.

Ich Albreht der lange Esselinger (und) Albreht der kurze Esselinger 1307, Sch.

Lancbein 1270 (Esslingen).

Langhans 1393, Stuttg.

Heinrich Langmesser 1378 (Basel).

Heinric. Lang-, Langenase 1304 bis 1312, Kehr.

Hainrich der Langmantel, Hartman der L., Chonrat der L. burgere ze Auspurch 1292 Qu. V; Longumpallium 1296, 1325, Rydger Langmantel, Ryd und Johan Langemantel 1306, Langenmantel 1339, Ab.

„Rödiger flebotomarius (lazzer)" c. 1160 Qu. I.

Marquard. dict. Letania 1287, Frideric. dict. Laetanem 1295, diu Latenij v. Nippenburch 1296, Frideric. de Nippenburc dict. Letanie 1297, Sch.

Lattfuss 1393, Stuttg.

Laugeiger 1520, Buck.

Thomas laudamus·15. jh. Sb.

Liyholt Laurentz 1318, Ab.

HeinzLutenslaher 1447-1551 Stuttg.; Kolbel der luttensleger (Heidelberg) 1470, Qu. II.

Lutermilch 1690, Buck.

Lautwein 1333, Geiss.

Pfaff Laux 1307, Sch.

lebart 1328, leibartz wis 1373, Sch.

Werner Lebküch 15. jh. Qu. III.

der Lebschanfte HU.; Lebsanft 1330 (Ravensb.)

Joh. Lecker 1363, Ab.

der Leckerhennslin 1446, AC.

Ekehard Lekescorp 1288 (Erfurt).

Jacob Ledrer 1311, Ab.

Lederman 1313, Ab.

Bentz der ledergärwe 1348, Sch.

Leibundgut 13. jh. (Basel).

Fritzsche Leibundsele 15. jh. (Thüringen) AC.

Frideric. Laicast (Laikaist, Laikgaist etc.) c. 1190 ff. Qu. I.; Leigast 1212, WU.

Jörg Leychtrogk 1482, Ab.

Jörg Leichtmustel 1490, Ab.

Andreas leichnam 1454, Sb.

Lydenkumber 1378, BC.

Lirator, Lirer, Leirer 1300—46,Ab.

Lisganck 1352, Ab; Linssgang 1437, Buck.

Leisetrit 1567, Buck.

Laistschnider 1393, Stuttg.

Conrad dict. Leyterboum 1298, Kehr.

Litgeb 1312, Ab.; Christian der Leutgeb 1418, Geiss.

Lerchengsang 1684, Buck.

Cunz Leschenbrand 1452 (Ulm).

der Liebe, HU.

Jacob des Liebertawtz aydem (ein Jude „burger ze Nurnberg") 1352 [= lieber tot!? Spitzname?]

Vlrich v. Bütikon den lieblosen 1315, Sch.

Andreas lilienczweig 1454, Sb.

wernher der limmel von sulz 1311, Sch.

Lindloub 15. jh. (Ravensb.)

Heintz Lintwurm, wollschlager von Oberhusen 1461, Ab.

Lingg 1359, Ab. [länze 1299, Sch.]

Linggenhöll 1593 (Feldkirch).

Berthous dict. list 1261, Wernher. List 1289 (Merseburg), FW.

Cunrad. Lobegot 1299, Kehr.

der Locher, HU.

Betz Lodweber 1346—52, Ab. s

Löffel 15. jh., AC.

Cunze der Lohmüller 1305, Hans lömüller 1500, Casper Lobmiller 1577 (Reutlingen).

Lorber 1361, Ab.

Lorenzer, Loriner; stammen aus

dem Dorfe Lorüns im Vorarlberg. Urkundlich heisst Ort u. Geschlecht Aruns, Arunser, dann Laruns (1442) u. Larunser, 1495 wieder arunas u. so bis 1600; dann Larüns, Lorüns (Gedenkblätter der Familie Lorinser, von Dr. Lorinser in Wien 1868).

Leuw, Löw, Löb 1304—1547, Stuttg.; Ich Schön Löw, Ich Eggebreht der Löw den man nempt Österricher von Schaufhusen 1396; Peter Leo von Vlm 1399, Sch.

Lewenbart, Hist. V. I.

Ulr. Loczbaier 1325, Lutzbaier 1345, Ab.

Johan Lüpfdich jur. utr. Dr. 1498, Stoffel Lupfdich 1518 (Reutlingen).

Ulr. Mader 1345, Ab.

Magerbeni 1139, Magerbein 1179 (Ort in der Gegend von Balingen oder Rottweil), WU.; die Magbainin 1350, Stuttg.; Gallus Magerbain 1502, Ab. [Magdpoint-, = beund, Einöde im L.G. Traunstein).

Hans Magkesselin der Schott 1495, Ab. [Offenbar ein schottischer, gälischer Name mit dem bekannten Vorschlag Mac, Mag = Sohn].

Ulr. Mai 1348, Ab.

Hans Meyenrock 1540 (Basel).

U. Maienschein 1450, NC.

Meyer 1246 (M. mit dem pfeil, zum Hirtzen, zum Hasen, zum Schlüssel, zum Sternen — verschiedene Basler Geschlechter aus verschiedenen Zeiten) Basel;

H. et F. fratres, vulgariter dicti Mager Friderichs sün 1278, ich Heinrich vnd Bertolt, wir die gebrüeder die Mayer genant vnd burgere von Horw 1285, Hainrich maiger 1311, Bentze der Maier 1315, Sch.; Maier, Mair, Mayr, Mayer, Meyer 1345 bis 1363, Ab.

Malembri 1390, Buck.

Adelhait Malerin 1300, Ab.

Heinric. Mammo 1185, WU.

Balthasar Mandelreiss Hist. V. I.

Joannes Manezzo Tigurinus 1261, Heinr. Manesse 1281 (Zürich), Neug. Cod. Al.; Manesse, HU. Dagegen O. Manezhin 1221, Neug. Vrgl. dazu Niemerschin. Oder ist Manesse = ahd. man-ezzo Menschenfresser? Ein Fleischfresser noch jetzt in Berlin, Fleischfreter in Fritz Reuter's „Dörchläuchting". [*]

Mangknecht 14. jh. (Augsb.)

Mangmeister 1378, Ab.

Richard marcgrevo 12. jh. (Köln); Cuntz des margraucn sun 1358, Sch.

Berchtolt Marchstekke, HU.

Hugo dict. Marschalc 1290, Hug der Marschalk 1308, Abreht der marschalk 1366, Sch.; Adelhait Marschalkin 1300, Ab.

Ulr. Mathys 1464, Ab.

Mürer 1300, Walther cementarius 13. jh., Buck.

Gerlac. dict. Mus 1256, Kehr; der Mewsel, Katz genant 1388, NC.;

---

*) Als Beleg, wie verschiedene Formen in — mann stecken können, mögen folgende Namen dienen: Buzmundishusen 1116 = Bussmannshausen OA. Laupheim; Werenbrehteswilla 1123 = der Wermannsbühl bei St. Blasien; Irmboldeswillare 1143 = Irrmannsweiler OA. Heidenh.; Dietmundeswiler 1155 = Dietmannsweiler OA. Ravensburg; Diezemanneswiler 1155 (jetzt Vorder- und Hinterweissenried OA. Ravensburg), WU.

quidam homo sclavigena (Slave) ex
progenie ortus, Medewede nomine
c. 1100, Qu. I.
H. Meerenschaf 1484, Geiss.
G. Mehltretter 1700, Geiss.
Melsack 14. jh. (Augsb.)
Cunr. Melber 1346, Ab.
F. Mentler 1388, NC.
Cristan Mezzersmit 1311, Ab.
Friedr. Messner 1388, NC.
Jacob Mezzellere 1318, Kehr; Chvn-
rad. de macello c. 1200, Qu. I.;
Metzeler 1341, Ab.
G. Meussremmel 1558, Geiss.
Ulr. Michel 1346, Ab.
Conrad. Milchelingus 1235 (Hessen),
Sch.
Hvgo Milchlinus 1285 (Uri).
Walther Milghmarkt 1393, Stuttg.
Hermann Mimmink 1305, Ab.
(mit); Chonrad Mitembart, Chonr.
cum barba 13. jh. Qu. L; Bor-
chard mild dem bardo 1381, BC.
Mit den döyken (= dicken) benen,
Henning mit dem bene 1385, BC.
Ernst mit der broden(?) 1387, BC.
Heneke mit dem dumen 1373, BC.
Liebhard mit der Hand 1388, Ab.
Theodoric. mit der lyebin 1311
(Erfurt), WF. Frideric. Munt c.
1160, Frideric. Mittemmvnde c.
1190, Qu. I. der hans mit der
muter (var. muken) 15. jh. NC.
Hans v. Gumppenberg mit den
langen Ohren 14. jh. Hundt p.
616. Meginhard Miterphait c.
1190, Qu. I. [mhd. diu pheit Leib-
rock, Mantel.] Heinrich cum uacca
(Kuh?) 12. jh. Qu. I. Mid der
scrammen 1381, BC.

Michael dict. Melbet 1323, Sb.

Hainr. Molventus de Cell 1306, Ab.;
Molfenter 15. jh. (Ravensb.)

Godescalc. dict. monachus 12. jh.
(Köln); Berchtold Mvnch 1305, Ab.
Ruedger. dict. Mandach 1389, Zürich.
[= Montag??]
Jacob. dict. Mornun wech 1270 (Uri);
Cunrad Mornenweg, Bentz Morn-
nenweg 1373, Sch.; Mathys
mörnenweg, mörnhinweg
Reutl. Pf.
Jörg Morsass 1489, Ab.
Morschoph 1294, Ab.
Mosehengst 1233 (Esslingen).
Sigfrit Mozze 1010, Buck; Heinr.
Motze 1300, Ab.
Stoffell Motzhart 1541, Ab. Diess
wohl die älteste Spur des grossen
Namens. Mozart's Vater war be-
kanntlich geborener Augsburger.
Cunrad Mückel Schlegel de Kis-
singen 1366, Ab. (mül vnd müll-
schleg, all ehafft vnd handwerch,
Mon. Boica VIII, 112).
Mangolt Mülisen 1342, Ab.
Cunrad. muolich 1211, Kehr.; Eberh.
Mvlich 1312, Mülich 1351, Ab.
Fr. dominus molendinator de Ihlin-
gen, miles 1227, Conrad. dict.
Muller 1290, Conrad Myller de
Mandelberg 1294, hans müller von
mandelberg (Ruinen bei Bösingen
OA. Horb) 1385, der nider mul-
ler 1295, Mähtilt die Müllerin
1348, Sch.;
Heinrich Mvllener 1300, Mvlner
1309, Murmülner, — müller,
Maurmüller 1302—1546, Ab.
Henric. Muldenbrecher 1288 (Erfurt).
Mumensun 15. jh. Qu. III.
Hermann Mvndel 1290, Ab.
Albert. qui cognominatur Munt, Alb.
Munt 1208, WU.
Mumprat 1330 (Ravensb.)
Ber. Münster de Altenmünster 1302,
Ab.

Herm. **Monetarius** 1298, Sybot Münz-
maister 1860, Ab.

Ulr. **Murdigel** 1327—49, Ab.
⟨Vergl. **Mundigel**, M u n d t i g l e r
(München), von dem rätischen Orts-
namen Montiggl = monticulus, wie
Pontiggl = ponticulus).

Hainr. **Murdysen** 1828, Sch.

Cüntzli **Murdung** 1402, Sch. [jetzt
auch M u r t u m, wie A d e l u m,
B a d u m neben Adelung, Badung].

Hans **Muskay** 1520 (Augsburg);
M u s c h g a y 1635, M u s c h a y 1730,
Buck.

Jörg **Mustgat** 1497, Jörg -M u s c h-
g a t t 1515—27, Ab. (M u e i s g a g e r?
1312, Ab.)

Berchtolt **Muoselgans**, HU.

Muoshotter 1300, Buck.

Thomas **Müssiggang** 1447—1550,
Stuttg. [Vrgl. Irregang, Ackergang.]

Mutschelin 1447, Stuttg.

der **mutscheler** 1558 (Nagold), Sch.;
Konrad M u t t s s c h l e r 1393, Stuttg.;
Marx M u t s c h l e r 1463, Florian
M u s c h e l l e r 1538, Ab. *)

Heinric. dict. **Naht** 1305, Kehr.

Hainr. **Nahtrais** 1294, Ab.; Ulr. v.
Rot genannt der N a c h t r a i s s (Ulm)
1362.

Heinr. **Nahtschaden** 1320, Ab.

Hans **Nachtbaur** 1459 (Ulm) [= Nach-
bar].

der **Nadeler** 1313, Sch.; Ruf N a d-
l e r 1393, Stuttg.; Heinr. N a d l e r
1402, Ab.

N. **Nagellinus** 1226, Sch.; `Nagel
1318, Otto N a e g e l l i n 1302, Ab.

Nagengast 1366, Ab.; N e c k e n g a s t
[Recken-?] 1393, Stuttg.

Hans der **Napf** 1375, Sch. [Vgl. K o p f.]

Ulric. **Nathan** 1309, Ab.

Narr 15. jh., NC.

heinr. der **nater** 1297, II. dict. N a t e r
1299, Heinrich d e r O t t e r von
Zimbern 1307, Sch.

B. **Nef**, Ulr. N o u e 1309, Ab.

Ulr. **Neghorn** 1313, Ab.

Wolfel **Negwein** 1343, NC.

Bernhard **Nygebüre** 1385 (Frankf.),
DR.

Hans **Nuwkomm** 1393—1530, Stuttg.;
des N i u k o m e n hof, HU.; N ü-
k u m m e l 1449, Buck.

der **Niuffer** 1300, Buck.

Niemandsfug 1474, Buck.

Niemanschnecht 14. jh. Qu. VI.

Cuonrad villicus cognomento **Niemir-
schin**, Ruodolf n i e m e r s c h i n 1248
(Uri). Vgl. die rätischen Orts-N.
Kammerschien = campo ursino,
Fallerschein = val ursina [dazu
vielleicht der Name **Fabrenschon**,
F a h r e n s o h n?] und Heinrich Mu-
terscinus 1170, Neug. Cod. Al.

Nieuergalt, N i e v e r g a l t, - g o l t
1351—1401, Ab.

Aigelward. miles dict. **Nixe** 1289,
Johannes dict. d i u N i x e von Schaff-
husen 1336, Sch.

Chr. **Nvnnumman** 1306, Ab.

iohannes **nunnenkleppel**, N o n n e n-
c l e p l l 1360—72, Sb. [Diess, und
auch dieses nur vielleicht! das einzige obacöne Wort, das mir als
wirklicher Name aufgestossen ist.

Burchard. dict. **Nopularius** 12. jh.
WU.

Dither. dict. **Nortgezzere** 1261, Qu. V.

C. **Nossel** 1383, NC.

---

*) Vrgl. auch den Vorarlberger ON. Mutschella (= mottisella). Von dort ist mancher
romanische Name in die nördlichen Vorlande hinabgeschwemmt und zum unscheinbaren
Kiesel gerieben; so der bairische Fam.-N. A u w e r a, A u v e r a doch wohl von dem Bach
Awera = aqua nera.

Cunrad. **Notacker** 1235, Kehr.
per **Nothaft** 1311, Qu. VI.; hern
Wernher dem Nothaften 1327,
her Johan Nothaft 1367, Sch.
Erhart **Notscherf**, Hist. V. II.
Liupold **Notisen** 1300, Ab.
Cunrad **Notnagel** 1299, Ab.
Albert **Nvo** 1207, WU.
Remb. dict. **Nuibenweg** 1298, Neug.
Cod. Al.
Henric. **Nuzboum** 1223, Kehr.
der **Nusser** 1400, NC.
Hans **Obenuss** 1453, Neug. Cod. Al.
Oblater 1388, Buck.
Friz **Obser** 1337, Ab.
Ochsenfuez 1466, AC. [Ochs viell.
= ahd. Otgoz, a. 1100 Ocos.]
Albert. **Oeder** 1262, Hundt; Hainr.
Öder 1311, Ab.; der Flachs-
öder 1490, Geiss.;Stephan Scharff-
eder 1407, Steffen Scharfseder
1596, Hundt; H. der Scharfsöder
1525, Abraham Axöder 1646.
Abrah. Axedter 1652, Geiss.*)
Oehain 1330—42, Ab.; Oeham,
Oeheim 1350—1451, Stuttg.
Rüdi von dem **Ofen** 1314, Neug. Cod.
Al.; Offener 1300, Offner 1372,
Buck.
Sixt **Ölhafen** 16. jh., DR.
Peter **Oelkrug** 1451, Stuttg.
Oehlschlager 1408, Stuttg.; Ölen-
schlager 15—16. jh. (Ravensb.)
olfenten Mulin 1324, Olventon
Mülli 1354, Holfenten Müllin 1374,
Sch. [Vgl. Molfenter.]
Gernod. dict. **Anesorge** 1324, Kehr.;
H. Avnsorg, -sorge, Ansorg
1336—1472, Ab. [Andere Namen
auf -sorge gehen auf slavische Ort-
schaften zurück.]

Aneacker 1384, BC.
Merzekern Hans ane wine 1311 (Ess-
lingen), Sch.
Heinric. **Opperkuche** 1291, Kehr.
Heinr. **Orgler** 1366, Ab.
Otten des Roten den man nennt **Or-
glogg** 1432 (Ulm).
Ortschneider 15—16. jh. (Ravensb.)
Diepold **Oesenkorb** 1393, Stuttg.
Ost 1312, Ab.
Ulr. **Ostermann** 1302, Ab.
Grav Friderich zolr der **Ostertag**
1315, Sch.; Siefried Ostertag 1393,
Stuttg. [Vergl. mhd. wb. III, 6.]
Palast 1346, Ab.
Hainr. **Pantzier** 1348, Ab.
Henric. dict. **Papa** 12. jh. (Köln).
Herman **Paris** 1300 (Esslingen).
Parziffall der Aichberger 1444, Geiss.
Meister dict. **Pater noster**, HU.:
Cynrad Pater noster dictus 1305,
Ab.
K. **Peinschink** 1350, K. Preuschink
1375, Geiss. [Vergl. **Klafscink**.]
Hinrike de **permenterer** 1406, BC.;
Jerg Bermenter, Reutl. Pf.;, Ru-
dolf Pirmiter 1348, Ab.
Petrus panifex 1348, Ab.
R. **Petersching** 1315 (Uri). [Vergl.
Niemerschin, Peinschink.]
Petermann 1368 (Uri).
Wernher dict. **Paffe** 1284. Kehr.;
Heinrich des Pfaffen sun, HU.;
Phaphelinus 1244, Qu.; Livpold.
Phäfflinus 1298, Ab.
Petrus **pfaffenhenel** c. 1360, Sb.
Phaphenchint 1324, Ab.
Joh. **Pfaffenlapp** 14. jh., DR.
Rüdi **pfaffenmort** 1314. Neng. Cod. Al.
Helmwich **palentinus comes** (als
Name) 12. jh. (Köln).

---

*) Ueber die Namengruppe -öd, -öder und ihre oft wunderbaren Afterbildungen habe
ich in einem Aufsatze „Ort und Wort" im „Ausland" 1868 gesprochen.

Pangkoke 1369, BC.

Martin Pfanntzelt 1499, Ab.

Wernher Phaenlin 1320, Ab.

F. Pfansmid 1450, NC.

Otto dict. Pavo 1300, Kehr.

Jörg Pfauenschwanz 15. jh, Stuttg.

Salmann Pheferpalg 12. jh. Qu. I.: Pfefferbalg 1380, NC.

Meister Conrat Pfefferhart 1285, Stuttg.

Walchor phefferkorn 1282, Neug. Cod. Al.

Niclas pfeffersak 1419, Sb.

Mertl der Pfeil 1348, Hundt.

Peter Pfeilschnitzer 1516, Stuttg.

Seis Pfeilschyfter 1423, Ab.

C. Pfeilsmid 1450, NC.

Paul. Pfetner 1388, Ab. [auch P. Pfotten, AC.]

H. Pfifferling 1388, NC.

Heinrich Phister, Pfister 1297 bis 1307, Ab.; albreht der pfistermaister v. Salmansweiler 1295. Conrat der pfister 1313, Sch.

Pflanzenman dictus 1379, Ab.

Pleghar 1344, Ab.

Walther. Phluoch 1208, WU.; Eberhard.dict. Pfluoc 1294,Sch.; Hainr. Phluochk 1336, Ab.

Burchard Phluoger 1286, Sch.

(Pfort); Korn-, Ulre-, Erenporze, Dietrich von der Erenporze 14. jh. (Köln); Cono Kuyniuixporze 1376 (Aachen), DR.

Pfoten-, Pfattenhauer (in Lindauer Urkunden erscheinen öfters die pfatten hoar, wozu man vergleiche den Bitzenhoarins in Ertingen, Buck).

Pfruonder 1300, Buck.

Dietrich der pflitzer von Steinhülwc. 1358, Stuttg.

Berthold genant Pfuzhinunson 1304, Stuttg.

Hermann Pigator 1348, Ab.

Liutfrid Pileator 1300, Ab.

Peregrinus 1245, Maister bilgerin wiger 1341, Sch. [dagegen N. peregrinus heisst an einer andern Stelle Ellsaz, Neug. Cod. Al.]

Blatener 1304, Stuttg.; Walther Platter 1291, Ab.

Tyl platzindazgwt 1413, Sb.

Pluvat 1233, Hermann plunat civis in Esselingen 1302, Sch. der Pompygel 1382 (Nürnberg) DR.; Pumpiger 1388, NC.

Preyensack 1425. Geiss. [Vgl. Preinschink.]

Cunrad. Pris 1144, WU.

Eberlin priem 1383, Sch.

Jörg Priester 1518. Ab.

Wern. dict. Probst 1310, Neug. Cod. Al.; (Hermann) Probst 1343 bis 1513, Ab.

H. Prophet 1450, NC.

Prühundt 1335 (Zürich).

Pust int hön 1383, BC. [= blas ins Horn.]

Ulric. Quadrans 1217, U. dictus Quadrans 1241 (Erfurt); Quaderhans 1497, Stuttg.

Jorden Radewerchte (Radwerte) 1364, BC.

Claus Radvogel 1423, Sch.

Jörg Raichstinger, Reutl. Pf.

Raiser 1297, Ab.

Heinric. dict. Rappe 1302, Kehr.; dict. Raepplin 1322, Sch.

Rappentanz 1350, ein Weg bei Stuttgart.

die Ratgeben HU.; Rutgeb 1312,Ab.

Heinric. ratio 12 jh. (Köln).

Ruoh. der ruehi Johiler, Ruo. der slehti Johiler 1269 (Constanz), Neug. Cod. Al.;

Heinric. dict. Ruhc 1289, Kehr.; Hans Ruh, Ruch 1447, Stuttg.

Ruchhase, Ruchas 1304—1413, Stuttg.

Michael Ruhschnabel 1451, Stuttg.

Johann Rauwolf 1299, Ab. [hierher der Name Rauchfuss; vgl. Rauchwerk = Pelzwerk. Dagegen Rollfuss ist versüddeutscht aus niederdeutschem Rohlfs, dies aber natürlich = Rohlf's = Rudolf's; a. 1136 greve Rolef = Graf Rudolf, u. im 14. jh. Rolves, Rulfs, Roleves, UC.]

Rumekiste 1388, BC.; Herman Raumenkasten 1450, NC.

Rûmzlant, Rûmelant, zwei Dichter des 13. jh.

Raumsattel alias Bornspittler 1541, Geiss.

Godef. dict. Rumskuttele 1178 (Köln); Râmbschüssel 1640 (Österreich).

Rascheplate 1388, BC.

H. dict. Rebestock 1317, Kehr.; Rebstock 1360—1537, Stuttg.

Reben, Rebeen, Rebeyn 1374, BC. U. Rebwein 1417, Geiss.

Rebzan 1350, Stuttg.

Hans Rephon, Repphun 15. jh. AC. U. der Rechseisen 1550, Geiss.

Barthel Regenboge 14. jh.

Heinrich Rehpoch c. 1120, Qu. l.

her herman Reitesel, Egkhart Rietesel 15. jh. (Hessen), AC.

Ridup 1380, BC. [= reit auf??]

Cunrad. reizel 1309, Kehr.

Jerg Richtenstaig 1576, Buck.

Konrad Rimpiss 1304 (Esslingen).

Rindlbanch 1751, Geiss.

Albert. Rindismul 1219. Al. Rindsmaul 1230. der Rindesmaul 1314, Albert der Rindsmaul 1317, Qu. V. VI.; A. Rindsmaul 1323, Geiss.

Rintkouf 1298, Neug. Cod. Al. [ist auch Ortsname.]

Waldporcht dict. rise 1289, Sch.

Everhard Rizzemale 12. jh. (Köln); Risimal 1147, Buck.

hainrich der Ritter 1297, H. dict. Ryther 1299, Hans der Ritter 1379, Sch. [Vergl. Osterritter, Westenrieder von den Orten. Oster-, Westerried.]

der Rockenzan 15. jh. Qu. II.

Jörg Rockenbauch 1517, Stuttg.; Bernhard Rockenbüchel, Reutl. Pf.

Berthold Rockenacker 1447, Stuttg.

Cunrad., Gerlac., Gernod ruckenbroet, -braet, -brot 1235—39, Kehr.; rugginbrot 1462, Buck.

die Rockenstilin 1393—1447, Stuttg. [Ruck-, Rucken-, Rockenstuhl = ruck den Stuhl; vergl. Zingerle, Deutsches Kinderspiel im Mittelalter, Wien 1868.]

Rördum 1381, BC. [= rühr's um?]

Rorwolf 1275, Buck.

Conrad. Rosenbeumere 1299, Kehr. [ebenda Heinric. dict. Kirsbaumer 1297, Conrad Holderbaumer 1285.]

Hans Rosenbusch 1247 (von Rosperg in Franken stammend), Hundt.

Frideric. dict. Rosenkranz 1314. Kehr.; Anthon. Rosenkranez 1449, Sb.

Wilh. Rosenzweig 1562, Stuttg.

(Rosshaupt); Adelpret. Rosoubtus 13. jh. (Bozen).

Hans Roshey 1369, Ab.

Rossnagel 1350, Stuttg.; 1554 Ab.; der Rossnagel 1373, Sch.

Swigger Rostuscher 1382, Ab.

Hermann. dict. Rosmarck 1273 (Zeis), WF.

des Rotin guth 12. jh. WU.; Conrad. Rot 1295, Sch.

Rotenkolb 1393, Stuttg.

Rothas, Rothäslin 1393, Stuttg.

Rotermund 1385, BC.
Cunrad Rothut, -hut 1348—53, Ab.
Rotermel 1359 (Oesterreich).
Berthold Rotmaier (u. Rietmaier)
1288—91, Ab.
Rotsmid 1317, Ab.
(Rübe) Cuurad. rapa 1213. Kehr.
Heintz Rubendunst 1450, NC.
[Rüebendunst als Spottname
mhd. wb. 1, 403.]
Rübschnitz 1330 (Ravensb.) -
ErhartRuckenriegel 15.jh. Qu.VIII.
[Vrgl. Zuckrigl; aber auch dass
die Flurbezirke im Bezirk Kaltern
in Tirol Riegel, aus latein. regula,
heissen.]
H. Rudlmur 1478, Geiss.
Fritz Rüffelwein 1406, Ab.
Cunrad. ropphane 1238, Kehr.
Heinr. Rüplin 1323, Ab. [Vgl. Sieb-
zehnrübel in München. Scher-
rüble in Wirtemberg gehört zu
Scherup in München. In Ober-
schwaben bekam jemand den Zu-
namen Siebzehnseelen, weil er
einmal 17 Stück dieses Gebäcks auf
einen Sitz gefressen hatte. Vergl.
aber auch den Ort Knieriebl in
Oberösterreich.]
Russ. [Vergl. Rôdolfesriet 1122 =
Russenried OA. Tettnang, WU.]
Russbart 1393—1493, Stuttg.
Jodoc Russkolb 1463, Qu. II.
Ulric. Ruozworm 1190, Kehr.;
Wernher der Russwurm, Karl
R. 1334, Geiss. [mhd. der ruoz-
wurm: vrgl. Augstwurm.]
Saathas, Satthas 1509, Buck.
Sabengyr 1350, Stuttg.
Erhard sackgröb (und sackröb),
Reutl. Pf.
Salat, Saladin 15. jh. Ravensb.
[Liupman de Salaht, Salat c.
1200, Qu. I.]

Salbenlrich [?] 1447, Stuttg.
Heneke Sachtelevent 1369, BC.; (de
von Sempleve, Tzamp-, Tzampeleve
1377, BC.); Senftleben 1451,
Stuttg.
Ortwin Salzman 12. jh. Qu. I.
Saltzuertiger 1362, Ab.
Saltzmesser 1348, Ab.
Burkart Saltzuas 1360, Sch.
einer genant Samstags-Peter 15. jh.
Qu. III.
Hans Sandwerfer 1423, Ab.
Saphir 14. jh. (Köln).
Sarnagel 1134. WU.; Jakob Saur-
nagel 1546—50, Stuttg.
Symon Sarwürt 1356, Berchtold Sal-
wurk 1373, Ab.
Heinz Sargwerk 1393, Stuttg.
B. Sartor 1313, Ab.
Chunrad. de Satilpogen 1268, Chunrat
von Satelpogen 1287, Chunr. der
Satelpoger 1291, Qu. V.; R. der
Sattelbogner 1341, H. Sattel-
bogen 1364, Geiss. [Sattelbogen,
Dorf L. G. Cham in Baiern; viel-
leicht sogar ursprünglich slavischer
Name!]
hans Bronbiss genant Suberhanss
1504, Buck.
Jacob Sauerzapf 1475, Hundt; L.
der Sauersapf 1589, Geiss.
Surreisen 15. jh. (Ravensburg; jetzt
in Sourissoau verwelscht).
Utz Sugling 1382, Ab.; Sügling
1400, Ab.
Sutar 1180, Buck; Suter, HU.;
dicta Suteriu 1285, Albrëht der
Süter 1307, herman der Suter
1331, Sch.; Agnes Sutrix 1386, Ab.
Schachgrab 1393, Stuttg.
Chuonrat scado 1180 (Uri).
Scadelant 1380, BC.
Conrad Schaffenlitzel 1506 (Reut-
lingen).

Jacob. **Schaffnid** 1456, Sb.

Schafitingut 1416, Elss schaffiten-wyb 1423, Schafiten und Schaf-hütlin im 15. jh. als Leibeigene in Königsegg, noch jetzt Schafitl u. Schafitzl, Buck; Schaf-eyttlin 1442, Ab. [jetzt Schaf-häutl; die Namen klingen stark romanisch.]

hainrich der **schaffner** 1300, Sch.

Schaltenbrand 1190, Werner Sch. 1209 (Basel).

Scharfzan 1427, AC. [Dagegen Malt-zan ist keineswegs, wie Pott und Vilmar andeuten, ein Mal-zahn, son-dern ein uralt wendisches, slavisches Geschlecht im obotritischen Meklen-burg, urkundlich im 12. oder 13. jh. Mulsian genannt.]

Heinrich **Schatzverliese** 1157, WU.

Schedel 1240 (Esslingen).

Scheffel 1300, Ulr. Scheffeler 1313, Ab.

Schelch 1270 (Esslingen; daher noch heute der Schelzwasen = Schelchswasen daselbst).

H. **Schalhas** 1325, Ab.

Wernli **Schellbrett** 1380 (Glarus). [Schilbërt, sonst Gibert, Bruder des Markgrafen Wilhelm in Wolframs v. Eschenbach „Willehalm".]

Konrad genant **Schellecoph** 1238 (Esslingen); [coph = Becher oder = Schedel? Vrgl. „sin kopf wart im erschellet" mhd. wb. 1, 860 b.]

Schello c. 1200, WU.

molendinum dictum **Schellingsmulin** 1155 (jedoch spätere Einschaltung, erscheint aber wieder a. 1278, bei Altdorf OA. Ravensburg), WU.

Herman **Schelrije** 1394, DR.

Ulin **Schelm** 1388, Ab.

Cunrad de Winckeln **Schivhenphlvck** 1299, Rydger Schvhnpfluch

1306, «Ab.; **Schichtenpflug** 1330, Ravensb.; der Schewhonpflug, Wilhelm Schewhempflug 1427 (Nürnb.).

G. **Scheichenstuhl** 1637, Geiss.

Schibenwagen 1330, Ravensb.

Schenkeisen 15. jh. (Ravensb.)

Damian **Scherrieblin** 1550, Stuttg. (Vrgl. Scherup in München).

Valentin **Schyffbömer** 1468, Sb.

Schievelbein, Hist. V. I.

Otto der **Schilehents** 1137, Qu. I.

Wolohwin der **Sciltaer** c. 1190, Qu. I.; Schilter 1414; Merten Schiltmacher 15. jh. Sb.

Schiller 1403, Buck.

Schiltknecht 1281, Buck; Heints Sch. (Frankf.) 14. jh. DR.

Luder **Sciltreme** 1360. BC.

Heinr. **Schielwiz** 1318, Ab.

Schiltenwolf, Buck. [Vgl. Schinde-wolf.]

Mathias **Schindebolk** 1342, Sb.

Wigand. **Schinebein** 1268, Kehr.; Heinrich Schinbein, HU.; die Schiebainin 1451, Stuttg.

Cunrad. **schindelere** 1248 (Uri).

Schlahinhauf, Schlainhof, Schlee-hauf 1534, Stuttg.; auch als Flur-name daselbst Schlinhuff, Slin-hufen, Schlagenhauffen.

Schlave, Hist. V. I.

Schlichtinsfeld 17. jh. (Ravensb.)

Heinric. dict. **Sleedorn** 1266, Kehr.

Wolpero cognom. **Schlegel** 1147, WU.; clesel slegel c. 1360, Sb.

Lazarus **Schleierweber** 1683, Geiss.

Schleifeisen 15. jh. (Ravensb.).

Claus **Slichmund** 1397, Ab.

Slikkenpfeil 1354. Ab.

Ulr. **Slintenwin** 1313, Ab.

Sliphake 1374, BC.

Walther **Slozzer** 1369, Ab.

Slupfindeck 1532, Buck.

Ditheric. **Sluzzil** 1213, Kehr.
Franko dict. **Smalz** 1314—16, Kehr.
Smeckebotter 1380, BC.
Jakob **Smeckenbry** 1366, Ab. [Bla-
senbrei, Wirtemberg.]
Clauss **smeltzisen** 1395, der schmel-
tzinsen 1576, Buck.
Eberhard. cognomento **Smerbalch**
1240, Qu. V.
Smerlapp 1334, Heinz Schmerlaib
1411, Stutrg.
petrus **smerstoczil**, -stözil c. 1860,
Sb.
des **smidis** gut 12. jh W.U. II, p. 419.
ein jode de heit **Smol**, Smol de jode
1363, NC.
Gerhard. dict. **Smuzol** 1258, Kehr.
Bertold. **Snabel** 1217, Kehr.
Adalhart **Snabel** c. 1120, Qu. I.
Schneevogel, Hist. V. II.
Joannes et Henric. dicti **Schnee-
weisse**, fratres 1350, Sch.
N. **Sneidenwint** 1450 (Nürnberg).
[Schneiderwind, Einöde in Baiern.]
maister Cunrat **der schnider** 1307,
Ich Mayster Albrecht des hohen
Herren Grafen Ruedolffs v. Hohen-
berch **Schneyder** 1330, fritz der
Snider 1331, fritz **schnider**
1373, Sch.
Schnetzeisen 15. jh. (Ravensb.)
Snurfogel 1350, Stutrg.
Schnurenpfil, Hist. V. I.
Heinrico **Schollon** (dativ.) 1207, WU.
schollentreter c. 1360, Sb.
Cun. **Schoenbrot** 1315, Neug. Cod.
Al.; der **Schoenbrod** 1324
(Zembrod 1616), **Sennbrot**
1330, **Schenbrot** 1693, Zeeh-
brot u. **Zehenbrot** 1576 (jetzt
Zemmbrot), Buck.
Conr. **Schönhaar** 1494, Stutrg.
Heinr. **Schöngut** 1314, Ab.
Martin.**Schonehabe** 1311(Erfurt)WF.

Joh. **Schönhagel** 1463, Stuttg.
Schönweder 14. jh. (Köln).
Berthold. **Sconezagel** 1212 (Erfurt).
Ludeke von der schope 1369, BC.
Clawes **Schortekop** 1422, NC.
Scrader (Scroder) 1369, BC.;
Liupold **Schroter** 1296, Ab.
Werinheri **Screivogel** c. 1120, Qu. I.;
H. Gschrävogel 1546, Geiss.
[Vrgl. mhd. wb. II.² 201.ᵇ 202.ₐ]
Screckendüvel 1385, BC.
Michel **schreckfwsz** 15.jh.[= Spring-
fuss?]
Berchtolt genant **Schrenckenspan**
15. jh. Chr.
Henrtkns **Scriptor** und Henric. No-
tarius 1208 (Thüringen), wahr-
scheinlich identisch mit dem tugent-
haften **Schriber** (Bartsch).
Johans **Schrindleder** 1336 (Zürich).
Heinrich **schroter** 1315 (Erfurt) WF.
Hedel **Schrötenwin** 1393, die
Schroutenwinin 1451,Stuttg.
adelhait **Schrözin** etwen Landolt
Schroten seligen elichü Husfrow
vnd mit ir Haintz, adelhait Mätzlin
vnd Euglin die Schroten gen.
irü kint (in Kiebingen), 1367, Sch.
Jacob. **Schuft** 1452, Sb.
Schühlin 1265, Eb. Schuchelin 1269
(Esslingen), Sch.
Hintze **Scömeker** 1385, BC.
Heinr. **Schvler** 1291, Ab.
Chuno dict. **shvmel** 1256, Engelh.
schümel 1315 (Uri).
Kirstan **Schurbrant** 1289, WF.
Leupolt **Schurstab** 14 jh. (Nürnberg),
DR.
Schüssler 1339, Ab.
Roprecht **Schuselspularius** 1315 (Bo-
zen) [ein Schüsselspüler oder ein
Schüssels-bühler? Für ersteres
spricht mhd. wb. II.² 554.ᵇ]
Schustel 1388. AC.

Schuster 1236 Buck; Hainr. Schvster 1329, Ab.

Cunrad Scutdepelz 1225, Kehr.

Heinric. Schittenhelm 1278, Crus; Hans Schlittenhelm 1511, Ab.

Schüttenlok 1423, Buck.

Hans Schüttensam 15. jh. Chr. [= schütt zusammen].

Schüttenschenkel 1400, Buck.

Ulr. Schütze 1299, Ab.

Theodric. dict. Scuzzesper, Schutzesper 1271, Kehr.

Heinric. Suevus c. 1200, WU.

Ludeke Swalve 1414, NC.

Burchard der swarze 12 jh. WU. II. p. 418.

Graff ffryderich von zolr genant swartzgraff (und der Swarcsgräff) 1398, Sch.

der Edel kneht hans v. giltlingen den man uempt Swartzhansen 1380, Sch.

Schwarczfriez v. Sachsenheim 15. jh., NC.

J. Schwarzkersch 1608, Geiss.

Schwegler 1416, Buck.

G. Schweitenkrieg 1472, Geiss. [mhd. sweigen = zum Schweigen bringen].

Mathyas swelhengst c. 1360, Sb.

Heinr. Schwentzll 1277, Crus.

Chvnrat der Swære 1225, Qu. I.

Herwich Swertveghere 1375, BC.; Ernestus ensium limator c. 1190, Qu. 1.

Swertfyrb, -fürb 1303—9, Ab; Volrich des swertfürben hus in der münse ze Tüwingen gelegen 1315, Sch. [Rudolph Schilling dict. Furbespada 13. jh. in Chur. Noch jetzt Schwärzfirm in München; mhd. vürben = putzen, fegen; englisch Forbisher].

Swerdthub 1350, Stuttg.

Heinr. swerslac, swertslach 1209,

Kehr. [Schwertgeburt = Schwergeburt oder = swert-gebür?]

Michel Schwingenkolb 1483, Ab.

Conrad. de Swingrvoben 1248 (Url).

Segenss 14 jh.. Ab.

Segenasser, Segenser, Segesser 1421—64 (Basel).

Hainr. Segensmit 1305, Ab.

Seydenswantz 1372—79, Ab.; michel sydenswanz 15. jh. Sb. [mhd. swanz = Schleppe des Frauenkleides, Gewand, Putz, Crinoline etc., erst in zweiter Linie auf das liebe Vieh angewandt].

de zidensticker 1384, BC.; Othmar Seidensticker 1534, Stuttg.

Hans Sydenwever (Frankf.) 14. jh., DR.

Heinric. et Frid. dictj Saller 1278, Walpert Seiler 1288.

Conrad. Felix puer, filius Conrad; 1140, Heinr. Salingkindt c. 1150, Heinr. Felix 1180, Albrecht das Kind 1194. (Das Geschlecht nannte sich auch die kind, die kinder von Julbach, die kinder von Werth und kurzweg Werth) Hundt.

Godefrid. Sellcheit 1196, Kehr.

Hans Sallg (Johann. Felix) 1306, NC.

Sellgmann 1464, Jude in Oppenheim, Qu. II.

Heinr. Selbeldige (var. Selpadig) 15. jh. (Thüringen), AC.

Heinr. Sellator 1319, Ab.

Seltenrich Reutl. Pf. [mhd. die sælde = Glück, Seligkeit].

Bentz Seltenschlag 1348, Sch.

Hainr. Sengo 1298, Ab.

Sengestake 1450, NC.

ille qui dicitur Senne 1087 (Staub S. 205), Henno der Senne HU.

der Sergant, HU.

Friderich Sibenhar c. 1190, Qu. I.

Bernhard Sibenhanz 1451, Stuttg.

Sibenchint 1294, Ab.

Hans Súbenrock 1477, Buck [schon früher erscheint ein Sibiroch; vgl. Simrock].

Albert Sipkes Hist. V. II. [= Sibiko's? Daher Siebenkäs?]

Sichelbeim 15—16. jh. (Ravensb.)

Hans Silberreisen 1451, Stuttg. meister Singûf 13. jh.; ein Dichter.

Heinric. Slnlwel 1224, Sinwel 1237, Qu. V. [mhd. wb. III. 673].

Sygehard. der Svmer c. 1190, Qu. I.; Cunrad dict. Summerin 1284, Sch.; Heinr. Sumer 1299, Ab.

Hartman Sumerlat 15. jh. (Thüringen) AC. (ahd. sumarlota = der einen Sommer alte Schössling; s. mhd. wb. I, 941].

Siboto Svmertöckel (—er?), Cunr. Sumertocker 1300—2, Ab. [mhd. wb. III, 45].

Sifrid Sumerwin 1350, Stuttg.

Svmerzit 1389, Ab.

Sunnenfro 1350. Stuttg.

Algot. sunnunchalbus in Nusdorf 1228, Sch.

michel sonnenschein 1576, Buck.

Everard. Sonnedach 1152, Kehr; Hain. Suntag 1258, Buck.

Jorg v. Kopping, Sorg gen., 15. jh., NC.

albreht Spaching 1315, Sch.

Spaltenstein 1330 (Ravensb.)

Joh. Spane 1348, Ab.

Betz Spæning 1345, Ab.

L. Spanmesser 1491, Geiss.

Werner Spanraitel 1350—1451, Stgt.

Chunrad. Spannagel 1270, Qu. I.

Ulr. Sparhelblinck 1293—99 Ab.; Sparhelblang 1330 (Ravensb.)

Sigelo dict. Sparwen-, Sperwenzagel 1274, Kehr.

Cunrat Spete 1307, Reinhart der Spæte 1312, Hainz spät 1373.

Richolff cognom. Sperwer 1147 (Köln). der Spervogel HU.

Chunrad. Spisære c. 1210, Qu. I.; Diepold Spisarius 1208, WU. Spisewinkel 1380, BC.

Heinr., Splegll 1224, Qu. V.; Conrad dict. Spigel 1275, Kehr. der spiler 1299—1303, Sch.

Uolrich Spillman, diu Spilmannin, HU.

Hertwic. Splez 1217, Kehr; der Spizz 1358, Sch. der Spizzer 1312, des Spiazerlins 1358, Sch.

Bernold Spicebauch 1299, Kehr.

Henslin Spitzsteck 1447, Stuttg.

Hans Spitzwegg 1435, Ab.

Otto Spor 1219, Qu. V.

Conrad Sporellin 1128, Kehr; Oddo Sporeliu 1157, WU.

der Sprichwerter von Seckingen, HU.

Hans v. Springefels 15. jh. Chr.

her Diderik Springh in dat gut 1381, BC; Didrik Springintgut, Hist. V. I.

Hans Springindgassen 1419, (Rav.).

U. Springling 1450, NC.

Chunrat der Sprincz 1294, Qu. VI.

Friz Spritzkegel 1451, Stuttg.

Ritter kuny stadeler 1367, kuny Rittergenant Stadelherre *) 1389, Sch.

Hainrich stähelli 1311, Sch.

dict. Stahellere 1284, Volger. dict. Stahelor senior, volkar genant stahler 1291, h. dener von Ebingen, volkar sin bruder genant stahler, H. und E. sine Sun, die stahler 1292, hainrich der Stachler 1300, Cunrat der Stachler 1304, Cunrat der Stahler der Jung 1367, Swester Agnes Stah-

---

*) So mag sich manches -herr erklären, entstanden aus dem zur Bezeichnung des kurzen Vokals benützten doppelten r; so Pfleger, Pflegherr (Pfleghar), Zehntherr etc.

lorin 1373, hainr. Stahler, hainr.
der St. 1387, Sch.
Stahlhantsch 1632, Buck.
Heinr. der Stammler 1290, Buck.
Diemo Stanthart 1308, Sch.
M. Standvest 1543. Geiss.
Friz Staudigel 1377 (Rothenb. a. d. T.)
DR.; der Stawdiger (und Staw-
digel) c. 1400, NC.
Steccho c. 1200 WU.
Jerg Stechenfinger, Reutl. Pf.
Stegereyp 1381. BC.
Steckrübe Hist. V. I.
Hans Smid v. Nürnberg genant Steig-
indtaschen, 15. jh. Chr.
Barthol. Steigleder 1532, Stuttg.·
Stein mit dem flecken (Köln).
Heinr. Steinbiss 1268, (Esslingen).
Erhart Steinbock, 15. jh. Qu. III.
·Joh. Stendekere 1326, BC.
B. steinhart 1281, Sch.
Hainr. Steinhæwel 1296, Ab.; Stein-
höwel 1300—1458 (Esslingen).
Hans Stainmœtz 1633, Hans Stain-
mitzel 1550, Ab.
H. dict. Stephan, H. Stephan
1293—97, Sch.
Sterzel 1287. Ab.
Herman Stöube 1325, Sch. (Rottenb.)
Peter Stöbenhaber 1438 (Ulm).
Albrecht Stiffel 1376; Steveleke
1384 Chr.
Bentz der Stieffater 1365, Sch.
Werner der Stolle 1241, Buck.
Frideric. nomine. cognomento Stolz,
Richolf Stolz c. 1160, Qu. I.; Cun-
rad. cognomine Stolze 1225, pfaff
Stoltz 1373, Sch.
Siboto et Levpold. Stoltzhirz 1270,
Qu. V.; Stolzhirz 1232, Hainr.
Stolzenhirz 1325, Albert Stolz-
hirz 1345, Ab.
Störenschatz 1345, Áb.
Hainr. Storhas 1296, Ab.

Swigger Storre 1181, WU.
Stortebeker Hist V. I. [= störz den
Becher? oder Ortsname?]
Berhtold. Strubicho 1186, Berth.
Strubeche 1196, WU.
Volcmar. Struzo 1179.
Heinr. Streckebein 1268, Kehr.
Streckdenfinger (Ulm). [Aber auch
Strettenfinger, möglicherweise
von einem Ortsnamen.]
der Streckfuss 1377, DR.
der Streckenpart c. 1430, NC.
Berthold Strelpho 1182, WU.
Strickleder Hist. V. I.
Ulr. Strigel 1299, Ab.
Strobart 1372, BC. .
Bosseke Strozak 1374, BC.
Hainz Strolock 1450, NC.
Strozmaier 1350, Ab.
Hermann Strumpf 1342, Ab.
Stubbenrauchs sun 1422, AC. [Vrgl.
Hüttenrauch, Stubenreich,
Stumvoll.]
miles dict. Studengast 1275, Buck.
Studenrusch 1366, Ab.; Standin-
srauss 1700, Buck. [S. Zuckmantel.]
der Studebeyhel 1393. ·
vol. dict. Stvlfvtz 1286, . Sch.
Stulmacher 1406, Ab.; [Stolaris 1369,
Ab.]
Stülpengritz (und Waschengritz)
Uhl. Volksl. II., 649, 651.
Sturen-, Sturmfeder 1377, AC.
Sturmfógel 1350, Stuttg.
Sturmglock, Hist. V. I.
stutfuchs c. 1360, Sb.
Suchensinn Hist. V. I.
Suchenwirt Hist. V. I.
Eggihart Sulzeflaiske 1180, Qu. I.
[Vgl. Hoseflaiske].
Jakob sunckebunck, lorenz schun-
kebunck, Barthol. Schonka-
bonka 1478, Sb.
Alhard. Svez, Alhard. Dulcis 1237

bis 1255, Heinr. d e r S v z z 1272,
Qu. V. [S. Unsote.]
Slezkind der inde von Trimberc 13.
jh.; Ludewic. dict. Snzekint 1307,
Kehr. [schon 1218 ein Jude dieses
Namens in Würzburg].
Kaspar Susswald 1583, Stuttg.
Johs. Taglang, Hist. V. I.
Hainr. der Teverner 1296, Sch.; Joh.
T a e f e r n e r 1330, Ab.
Berht. Talne 1298, Ab.
Petrus Tartarus 1317, Sb.
Hermen Tasschenmekere 1375, BC.
Herman teschenere 1311; (Erfurt),
WF.
W. Taufkind 1376, Geiss. Peter T.
1400, Hundt.
der Tauschnicht 1294 (Regensb.),
Qu. IV.
Hencz tusentschon, Heusman. T a w-
sintschon 1382—83, Sb.
Dusendduwelsdwarf, Hist. V. II.
der Tuvel, d e r T i u v e l i n, Appo
dict. D i a b o l u s, HU.; Wernher
t v u i l l i 1305, Sch.; Hans T i u f e l
1368, Ab.
Georg Thaediger 1477, Sb.
Heitvlch ze dem turlin [dabei ein
Heituolch E s l l e r] 1217, Qu. I.
Bernh. Tinulator 1238, Ab.
Tischmacher 1380. (Ravensb.); Berth.
T i s c h m e c h e r 1447, Stuttg.
Rudolf Tohterman 1309, Ab.
Marquard Tollcutzer 1318, Ab.
Ulr. Tolzit 1296, Ab.
Andreas Toppenglesser 1393, Sb.
Johann. Tot 1309, Dot 1341, Ab.
Clauss Toutengraber 1455. Stuttg.
Gerlac Dragevleisch, D r a g e f l e i t h,
T r a g e f l e i s, D r e f l e y s 1276,
Kehr.
Trappeldal 1351, Ab.
Hainric. dict. Trvtsun 1245, Sch.
Bertsch gen. Trutman 1363, Sch.

Albert Trautwin 1312, Ulr. D r e i t-
w e i n, Drejtwein 1514, Ab.
Ulr. Trigel 15. jh., Qu. VIII.
Hans Tristram 15. jh., Qu. VIII.
Tritenbeis 1267, (Esslingen).
Truckenbrot 1451, Stuttg. [auch 1407
in Oesterreich].
Michael Trommenslaher 1537, Stuttg.
Hans Trompter 1451,Stuttg.; Albrecht
t r u m e t e r 15. jh., Qu. VIII.
Fridr. Trost 1311, Ab [Vgl. Drost.]
Heinr. Tröhtler 1321, Ab.
Trvmpel 1294,·Ab.
Heinr. Tuchscherer 1403, Ab.
Ludewic. Duchmechere, Kehr.
H. Tugentlich 1547, Geiss.
C. dict. Tunzmann 1293, Sch.
Albert. scolaris dict. typpenagel in
Bvlach 1281. Sch.
U. Thurhaupel 1440, Geiss.
H. Thürigel 1492, T h ü r r i e g e l 1527,
Geiss.; Gotsmann T u r r i g l zum
Riglstain 15. jb., Hundt.
Turnagel 1327 (Möhringen).
Georg Thwrnhütter 1469, Sb.
Richard. malus 1136, Bernelm. dict.
Vbele 1262, Kehr.; Ü b e l i n 1363,
Ab.
Luz Vbelacker 1298, Sch.; C. Ü b e l-
a c k e r 1350, Stuttg.
Wilhelm Übeleisen 15. jh., AC.
Vbelher 1330 (Ravensb.); Ü b e l h e r r
1453, Ab. [„Übelher kom ze wer'mit
sinem küpfelisen" Bartsch, D. Lied.]
Overstolz 14. jb. (Köln).
Heinz Ubertwerch Hist. V. I.
Ulcuhod 1415, BC.
L. Umgang 1429, Geiss.
Unarg v. Waltinberg 1293, WF.
Hans Unverhowen 1330, BC.; Üllein
der U n b e h o w e n (Nürnb.) 1352.
Walther genant Unbezhalden 1304 bis
1350, (Stuttg.); V n b e s c h e i d e n
1330 (Ravensb.)

Umblld 1350, Stuttg.

Berthold. dict. vndurfl 1295, Sch.

Unfrldl 816, WU.; Berthold Vnfride 1275, Crus.

Unfunden (Flurname bei Stuttgart).

Ungedult 1689, Buck.

Utz Ungeëgt 1355, Ab.

Frideric. Vngevnge 1260, Kehr.

Cunrad ungeloube 1209, Kehr.

Vngellch 1330 (Ravensb.); Clas Un-gleich 1350, Ab.; Hannis vnge-lich, Mathes vngeleich 1449 bis 1500, Sb.

Gerold. dict. Teloniator sive Ungel-thäre 1274, (Esslingen); Conrad Ungelter 1304, Ab.; Petrus U. 1420, Sb.

(Ungemäss und) Unmas c. 1200, Gerhard Unmasse 12. jh. (Köln).

Ungemut 1330 (Ravensb.)

Heinr. Ungenædlge 1291, Ab.; Vlric. dict. Vngnad 1305, Qu. VI.; Un-genad 1442, AC.

Ungenug (Köln).

Ungenutz 15. jh. (Ravensb.).

Ungeraten 14. jh., Ab.

Ungerichtig 1300, Buck; Unge-richt 1367—99, Stuttg.; Konrad Ungericht 1434 (Essl.)

Wern. Vngestome 1223, Neug. Cod. Al.; Ungestum c. 1400 (Nürnb.)

Werner der Vngewerlich 1297, Wern-her der vngewärlich 1302, Sch.

Cunr. Unnotze 1297, Ab.

Unrehtgwalt 1305, Ab.

Unroh 778, WU.

iohannes vnslld, vnslid hannes 1360, Sb.

der Unsûber, HU.

Bertold. dict. Unsochl (Erfurt) 1315, WF.; Bertold Vnsorte 1288, (Erf.)

Johannes und Bertold. unsote 1311 (Erfurt), WF. [Vielleicht sind alle drei identisch].

H. dict. vnstete 1287, Sch.

die vatigy 1416, Buck [Untag].

Hartmann Unverdrossen 1450, NC.

Johann Untermhelm 1350, Stuttg.

Vrkund 1292, Sb.

Berthold Vackouze 1298, Bert. Vac-cavo 1305, Ab.

Valant, Hist. V. II.

Chuon. dict. Fantlll 1249, Neug. Cod. Al.; Ulr. Vant 1311, Vent 1309, Ab.

Vaterlin 1299, Cunr. Vetter, Ve-terin 1312, Ab.; Gunther. vettir-lin 1811 (Erfurt), WF.

Verlinsnlt 1836, Ab.

Cunrad. dict. Vlrllng 1294, Kehr.; Fierdlink 1450, Stuttg.; Kaspar Vierling 1440, Ab.

Anna Vierenkrugin 1486, Ab.

Vlztum 1311, Ab.

Hermann. dict. Vogel 1159 (Köln.); vl. der vogel 1296, Hans der Vogel 1377, Sch.; Vogelin 1806, Vogel 1311, Ab.

Heinrich schön Vögelin, Johans graw Vögelin 1368, AC.

Franz Vogelgesang, Hagen Minnes.IV. 892; Conrad. dict. de cantu vo-lucrum 1285, Kehr.

Vorgulseln (?) 1511, Buck.

Henric. vorkeuf 1311 (Erfurt), WF.

Joh. v. Ennse genannt Vornagel 15. jh.

Heinric. vachardus 1170, WU.

Ludovic. vahmeister 1207, WU. [offen-bar = Fachmeister; Fach = Was-serwehr].

Hainrich der Washmangere 1225, Qu. I.; Eberhard der Wachs-manger 1307, Hainz Wachs-menger 1396 (Reutlingen).

H. Wahwurh 1305, Ab.

Martin Wäckengäck 1451, Stuttg.

Hainr. der wiechter 1308, Burcart der wehter 1324, der wiehter

1358, Sch. [ie = e erscheint öfters in diesen Urkunden.]
Wæckerlin 1299, Ab.
Wafenrok, -roch 1273—1320. Buck.
Wagensayl 1367, Ab.
Wagner 1313, Ab.
Simon Wagigel, Wagiegl 1515—23, Ab.
Wagnagel 1684, Buck.
Marquard. Waidenlich 1320, Ab.
Johann. Waldhas 1351, Sch.
Vlric. Wayse 1153, Odalric. Weiso 1186, WU.; der waise 1308, Cunrat vnser vogt se Triberg den man spricht vogt waise 1336, Sch.
Johannes Walchus 1452, Sb.
Dyeppolt walker 1335, Sch.
Hainric. vader Walhen 1224 (Straubing), Heinr. inter Latinos 1224 (Regensb.), Alber. Wallarius 1253 (Landshut), Alber. Waller 1272, Goswin Waller 1253 (Straubing), Wirnto Waller 1268 (Regensb.), Hugo inter latinos 1272—79 (Regensb.), Qu. V.
Walrave 1135 (Köln); Walrap 1309, Ab.; Michael Walrab 15. jh., NC.
Ita Wambescherin, HU.
Simon Waserbwch 1501, Sb.
Berht. Wazzermann 1300, Ab.
Wasserfass (Köln).
Al. Watkadmerius, Albrecht der Watkadmer 1293—94 (Regensb.), Qu. VI.
Erenbolt wadmangere [-Tuchbändler] 1137, Odalric. watmangare c. 1160, Qu. I.
Heinric. Wathl 1208, WU; Heinrich der Wat 1287, Hainr. der Wate 1293, Qu. V. VI.
Jakob Wattenlech 1383, Jörg Wattelech 1409, Ab. [= wat' in Lech? Vrgl. Wadenklee.]

Hildebold. textor 1263, der weber 1331, Sch.
villicus dict. Webschit.
Marcmann. Wevelrusche 12. jh. (Köln)
Benzo dict. Weckern 1301, Sch.
albreht wädellin 1296, Cunrat wedelli 1315, Sch.
Cvnrat wegschaide 1295, Sch.
Hans Wegsetzer 1451, Stuttg.
Sigboto Weuegel 12. jh., Qu. I.
Olrik Weybusch 1378, BC.
hans wiechpalmer 1466, Buck.
Wihenahter 1275, Goldast.
Diederic. Wirong 1235, Theoderic. dict. Wiroch 1238, Kehr.; Wyrich 1300 (Wartburg), WF.; Joh. wyroch 15. jh., Sb.
Clos weynber 1452, körstym weymber 1465, Sb.
Weynewgel c. 1400, Peter Weineügel 1450, NC.
Hartmann Winlader 1393, Stuttg.
H. Woinräffer 14. jh. (Nürnb.), DR.
Winzieher 1404, Ab.; Winzir, Winzürn 1330 (Ravensb.); gregorius wynczill c. 1360, Sb.; der wynzürn 1380.
Hainr. Weizzhaupt 1375, Ab.
Wittekopp 1369, BC.
Wittschnabel 15. jb. (Ravensb.)
Hainrich wishalt 1299, Sch.
Heinric. dict. Weizen 1286 (Grimma), WF.
Johann. dict. Weizenbrot 1279, Kehr.; Hans Weczenbrot 1468, Sb.
Bertold. dominus welt 1258, Cunrat Eluwelt 1283, Alberech diu welt 1284, Hanrich diu welt, abreht welbet (?) 1302, Sch.
Heinric. Wendephafe 1287 (Gotha), WF.
Peter Wendschats 1334, Neug. Cod. Al
Eb. dict. Werckmann 1297, Sch.
Jacob Werlgant, filius dicti Strick 1364, Ab.

Hermann **Wersgeru** 1450 (Nürnb.)

Wertemann (Basel). Das Geschlecht stammt aus Mailand, heisst ursprünglich della Porta, später mit dem Beisatze di Vertemate, Hospinius della Porta Signore del Castello di Vertemate 1130, Rogerius di Vertemate 1207; Achilles di V. wird 1587 Bürger in Basel und schreibt sich de Vertema, woraus schliesslich Wertemann.

Alberth. dict. **withophe** 1284, Withopff 1336, Sch.

Renzze der widmer 1297, Sch.; diu Wiedmerin HU.; Heinrich der Wimmer 1294 (Regensb.), Qu. VI. [Wimm, -wimm in einer Menge altbairischer Ortsnamen := Widum, Widem, Pfarrgut].

Widergrin 1266, Widergreiu 1547, Widergrün 1659, Buck. [mhd. wb. I., 576].

Widerhar 1330 (Ravensb.)

Wideroldus de Michelnbach (Hessen) 1239, Sch.

Wigeleiss Rusembach 15. jh., NC.

her **Wigenläts** 1468 (Augsb.), [vielleicht entstellt aus dem vorigen].

Joh. **Wihenstain** 1336, Ab.

Johans **Wildenbereze** 1452, Qu. II.

Wolfram **wiltforstere** 1211, Kehr.

Altman **wiltwerloher**, Gerhart wiltwechere (neben einander in derselben Urkunde) c. 1190, Qu. I.

Klaus **Windenmacher** 1447, Stuttg.

Winkeblech 1667 (Basel).

Hans **Winkhelmess** 1466, Stuttg.

der **Windhetzer** 15. jh., Qu. VIII.

walther **Winterbier** 1348, Sch.

Winterhalde 1334, eine Halde bei Stuttgart [Winter-, Spiegelhalter].

Herman der **Wirse**, HU.

Berthold. qui **Wirt** de Ehingen ual-gariter appellatur 1294, Jacob der wirt 1299, Sch.

Cuon. dict. **Wirtschaft** (Villingen) 1290, Neug. Cod. Al.

Dietheric. an der wisi, Bertold an der wisi, Eberhard an der wisi 12. jh., WU.

Wigand **Wisegukel** 1241, Kehr. (Im Rheingau heisst Wiesegickel ein reizbarer junger Mensch.)

Wiskekarre 12. jh. (Köln).

C. dict. **Witzige** 1301, Sch.; Witzig 1352, Ab.

Wohnlich 1534 (in Basel; nach England auswandernd verwandeln sie sich 1665 in Vanley).

Wolbero 1106, WU.; Kunz Wolonber 1350, Stuttg.

Wolgschaft 16. jh. Buck.

Wezelo **Wolf**, Heinric. Lupus 1128 bis 1129, Kehr.; Wolfele 1303, Sch. [Die Wolfshalde bei Stuttgart heisst 1354 ff. Wolframs-, Wolfmers-, Worfmannshalde.]

Philipps **Wolfskele** 15. jh. NC.

H. **Wolfeshirn**, H. dict. Wolfsbyrn 1277—85, Sch. (auch H. dict: Wolfferne).

Wolfdrig, -dregh 764, Wolfftrigel 1127, WU. (Ulr. Trigel 15. jh., NC.)

Wolalaup, Wolfleib, Wolflep 778, 861 etc. WU.; Ulricum dictum Wolfloipschen 1263, Ulric. Wolfleibscho 1271, Ulrich Wolläb 1294 (Uri); Joh. Wolleben (accus.) 1338, Sch.

Ritter Volkmar v. Liebenthan genant der **Wolfsattel** 13. jh. (Kempten).

der **Wolmuot** HU.; die Wolgemutin 1393, Stuttg.; Hainr. Wolgemut 1390, Ab. (jetzt u. a. Wolkenmuth].

Wollenslaher 1304, Stuttg.; Hertfrid

Wollschlaher 1367, Ab. (dicta Worslahin 1278, Buck).

der Worme, HU.

Heintz und Bentz genant die wolsach gebruder 1338, Sch.

Wrakkenstich 1388, BC.

Hentz der Wünman, Hans Wüman, Hentz der Wunnan 1371, winman 1373, Sch.

Waochrer, HU.

Heintz Würgenpawr 15. jh., NC.

Hans Wurst 1441, Ab.

Cunrad. dict. Warstbendel 1274, Kehr.

dict. wurczgarte 1297, Sch.

Nicolaws der Wuest 1369 (Österr.).

Heneman Woystenacker 1382, BC.

Ich Volkart v. Ow v. Bodeltzhusen den man nempt Wutfuss 1377, volkart v. awe genannt wütfusse 1398, Ich Volkart v. Ouwe genant Wutfuss, vnd ich Heinrich v. Ouwe des vorgenanten Wuetfusse sone, Sch. [Vrgl. wuotegôz mhd. wb. I. 542].

Stoffel schneider genant zaldenwirth 16. jh., Buck.

Heinr. Zan 1318, Ab.

Heinr. Zännink 1302, Ab.

Hans Zapfenmacher 1388, NC.

der Zovchner 1348, Sch.

Hermann Zawer 1300, Ab.

albert. dict. Cedder 1286, Sch.

Heinric. Cohe 1225, Kehr.

Appo der Zehender HU.; Hermann Zehender 1328, Ab.

Cuntz Zentgreff 15. jh. (Thüringen), AC.

Chunrad und Nycolaus Zysikbein, fratres 1312 (Eisenach), WF.

Zelselmeister 15. jh., Ab.

Walter Zitfogel 1304, Stuttg.

wernher der zeller 1373, Sch.

Zolter 1300, Ab.

Zeltmaister 1330 (Ravensb.).

Bürklin serrer 1373, Sch.

Michael Zerrysen 1482 (Mölkringen).

Zerrengibel 1450, NC.

Hans Schreiber genant Zernmantel 15. jh. Chr.

Zern-, Zerrenweg 1373—78, Ab.; Arnold Zerrenweck 1393, Stuttg.

Frideric. dict. Zimbel 1275—77, Sch.

Wernher dict. Zymerli 1269, Cimmerlin 1274, Wernher. dict. cimmerlin et Cunrad cimmerlin 1284, Sch.

Cvnrad. et Hermann. dicti Zimmerare 1284, C. der Zimmerer 1285, hofstetlin der Zimererin 1300, Sch.

Conrad. dict. Zimmerman 1291, Sch.

Hainr. Zintel 1291, Ab.

Karel Zingiezzer 1325, Ab.

dict. zinko 1293, Sch.

zypplis wiss 1364, Sch.

Berchtold zobelli 1297, Heber Zobel 1340, Sch.

Zuckermantel (Nürnberg), entstanden aus Zuckmantel (vrgl. Zernmantel) das nicht unselten als Name von Lokalitäten erscheint, z. B. einer Einöde im bairischen L. G. Naila; ferner schon 1380 Czykmantel und 1413 Chik-, Chekmantel in Siebenbürgen. Vrgl. Wendunmuth (95te Publikation des literarischen Vereins S. 346:) „Von einem edlen sehr alten strassenräuber. Teutscher nation und bevor des Schwabenlands edelleut und reuter sein bey den alten, dass sie gern auff den Zuckmantel, Struderaw und Schreckenthal ritten, im geschrey gewesen." — zucken, zücken = rauben, stehlen, der zuckære-Räuber, mhd. wb. III, 932, 933b.

Albert. de Blieningen dict. Zvmfmaister 1297, Sch.

Engelbert **Zvof** 1224, Qu. V.

Sigefrid. **Zurech** 1166, WU.

Zorno, Zurno 1249, Qu. V.

Frideric. et burchard fratres qui di-
cuntu **zutilmanj** 1225, F. **zvtel-
man** 1237, Merhart uud Hainrich
Züttelman 1368, Sch.

Zuttelin 1369, Sch.

Zwifel 1330 (Ravensb.)

Heinr. **Zwiherre** HU. (**R i c h h e r e**
ebenda).

dict. **Zwenpfennig,** HU.

Albert. **Zwigi** 12. jh., WU.

Zwerger 1306, Ab.

Berhtöld **Zwickel** 1300, Ab.

vnser hof den man sprichet **Zwiggen**
Hof vnd den Eberhart **Z w i g g e**
vnd sin Swester buwent 1335, Sch.

Zwilchenbart 1510 (Basel).

Petrus **czwilling** 1372.

Cunr. **Zwinle** 1294, Ab.

II.

Das Fremdwort im Deutschen.

In den blühenden Tagen akademischer Jugend ruhten wir von den Mühsalen des Studiums dann und wann bei einem sogenannten Vier=spiel aus, das wir „den strengen deutschen Handel" nannten. Die Eigen=thümlichkeit dieser schnöden Unterhaltung war das Gesetz, daß kein undeutsches Wort gesprochen werden dürfe. Aber wahrlich, es werden nicht viele Spiele sein, bei denen es lustigeren Streit, unbändigeres Lachen und zahllosere Strafen setzte, als in jenem deutschen Handel. Auch der vorsichtigste Purist — und nach einer gewissen Anzahl Gläser ist Vorsicht eine schwere Kunst — war keinen Augenblick sicher, daß ihm nicht ein noch grünblicherer Germanist oder Romanist, Orientale oder Kelte — letztere waren die gefährlichsten — einen Strich durch die Rechnung machte, und zwar einen Strich im strengsten Sinn des Worts. Es zeigte sich in der That, daß es schwer, fast unmöglich ist, deutsche Rede in deutscher Sprache vorzubringen und schon damals wurde, halb Ernst, halb Scherz, die Frage verhandelt, die wir hier in ganzem Ernst aufwerfen: Was ist ein Fremdwort?

Sonderbare Frage! Natürlich jedes Wort, das aus einer fremden Sprache in die heimische, also für dießmal in die deutsche, herübergekommen ist. — Demnach wären also die deutschen Wörter Kopf, Pferd, Arzt, Gold, Laune, schreiben, dichten, segnen, matt und hundert ähn=liche Fremdwörter? Denn von ihnen allen läßt sich ja so zu sagen urkund=lich nachweisen, daß sie nicht ursprünglich deutsch sind, sondern keltisch, latei=nisch, griechisch, finnisch, arabisch. Der Verständige wird freilich alsbald erwiedern: diese Wörter sind durch die lateinische Umbildung, an welcher frühe Jahrhunderte gearbeitet, durch Form und Gebrauch vollständig um= und eingedeutscht; es fehlt ihnen das äußere Merkmal und uns das innere Bewußtsein ihrer Fremdheit. Zugegeben. Wie steht es mit Engel und Teufel, Kirche und Schule, Opfer, Pfarrer, Propst, Bischof, Vogt, Kaiser und Pabst, Arche, Fenster, Kerker und tausend ähnlichen? Deutsch oder fremd? — Offenbar so gründlich um= und einge=deutscht wie die erstgenannten Beispiele. Der Unterschied ist durchaus kein innerer, sondern der zufällige, daß man uns, als wir Latein und Griechisch lernten, gelegentlich auf den Ursprung obiger Wörter hinwies, deren einige ohnedieß sich nur wenig zu verändern brauchten, um für deutsch gelten zu können.

Ist Natur ein Fremdwort? Natürlich, ruft man. Versteht sich, sagen einige Bedächtigere, welchen beifällt, daß das ü und das — lich nicht lateinisch sind. Sie haben Recht, denn schon im 10. Jahrhundert spricht der treffliche St. Galler Mönch Notker von den Dingen, die an in selben naturlicho guot sint, und schon hundert Jahre vor ihm ist dem Dichter der Evangelienharmonie, Otfrid, die natura so geläufig, daß er sie nach deutscher Weise declinirt. In der That, einer Sprache, welche deutsche Wörter hatte, wie gabûr (Bauer), gebûre (noch heute der Familienname Gehbauer), konnte eine natûre nicht so ganz unheimisch und unheimlich klingen. Auf jenem Stande der Sprache war das Wort eigentlich weniger fremd als jetzt. Wir sind jedoch damit nicht gemeint, den Fremdling durch einen Deutschen aus-treiben zu wollen, den Teufel durch Beelzebub, wie Campe that, als er seine „Urwesenheit" in Vorschlag brachte. Auch das schöne Wort „Zeugemutter" wurde erfunden und schon Philipp v. Zesen sah sich veranlaßt, die Be-hauptung, daß er der Zeugevater dieser Zeugemutter sei, ausdrücklich für „grobe, ehrlose Schand- und Landlüge" zu erklären.

Das Alter allein entscheidet freilich nicht, namentlich dann nicht, wenn ein Wort unterwegs wieder verloren gegangen war. Das juchtenlederne Ding z. B., das uns eine Zeitlang so väterlich liebreich über die Weichsel herüberwinkte und sich so hübsch auf die einheimische Ruthe reimte — dieses war doch gewiß ein Fremdwort neuesten Schlags? Mit nichten; das Wort steht schon vor anderthalb Jahrtausenden in der gothischen Bibel, wo es knuto heißt.

Diese wenigen Bemerkungen lassen vielleicht ahnen, daß auch ein Fremd-wörterbuch ein wissenschaftliches Werk sein kann und wenn die meisten Bücher jener Art das nicht sind, so ist es nicht die Schuld des Gegenstandes, son-dern des Verfassers. Es vermag im Gegentheil das Wesen und die Ge-schichte des Fremdwortes noch zu einem anmuthigen und fruchtreichen Zweige der Sprach- und Culturgeschichte zu gedeihen. Das gewöhnliche Schlagwort ist: Fremdwörter sind eine Barbarei, Unzier, Schaden und Schande der Sprache. Wir wollen ein seltener gehörtes Wort aussprechen: Fremdwörter sind eine Nothwendigkeit, Zier, Vortheil und Ehre der Sprache; nur dem-jenigen Volke fehlt das Fremdwort, das noch barbarisch abgeschlossen in der rohen Naturgränze seiner Race hindämmert; das Auftauchen des Fremd-worts ist das Zeichen, daß es aus diesen Schranken heraus in die Arena der Geschichte, in die olympische Bahn der ringenden Völkergeister getreten ist.

Nehmen wir ein Buch zur Hand, welches — wir sagen es nicht, um zu schmeicheln — unter tausend deutschen Theologen noch keine zehn lesen können, die älteste deutsche Bibel. Ihr Sprachschatz ist leider ein sehr be-schränkter, da er fast nur den größeren Theil des Neuen Testaments begreift; und doch zählen wir schon hier ungefähr 120 aus wahrscheinlich sechs fremden Sprachen entlehnte Wörter. Wie kam das?

Ein an Geist und Körper hochbegabter Stamm trifft, nach mancher Be-rührung mit den Völkern des nördlichen und östlichen Europa's, südwärts drängend endlich mit der Gesittung und der neuen Religion des römischen Doppelreichs zusammen, und, ähnlich wie später zwischen Gothen und Arabern in Spanien, gestaltete sich bald freundlich, bald feindlich der lebendigste Wechselverkehr zwischen den beiden. Auf der einen Seite steht jugendkräftig, wald- und weibefrisch, noch in geistiger Brache liegend, darum desto empfänglicher, das deutsche Wandervolk, auf der andern die mit sämmtlichen guten und schlechten Bildungselementen einer tausendjährigen Geschichte überschwängerte römisch-griechische Welt. Es entstand ein Tauschhandel, aber ein ungleicher, wie zwischen Glaukos und Diomedes. Die Gothen brachten — eine Danaer-Gabe — ihr Schwert, die Römer gaben ihre Bildung und das Christenthum. Eine Sturmfluth von neuen Gegenständen, Vorstellungen, Begriffen und Ideen durchbrach die Dämme einer naiv beschränkten, halb barbarischen Begriffswelt und die stolzen Stämme der Gothensprache bebten einen Augenblick bis in die Wurzeln hinab unter dem brausenden Anschwall. Denn geistig war die Bewegung und dem Menschen ist kein anderes Organ gegeben, den Geist zu fassen und. zu formen, als die Sprache. »Der Most war neu, aber die Schläuche waren dießmal auch nicht alt. Wir kennen zwar den Stand der gothischen Vulgärsprache nicht unmittelbar, wie sie damals an der untern Donau klang; aber eben die gothische Bibel in der Hand haben wir allen Grund zu vermuthen, daß auch sie nicht unwürdig im Kampfe stand. Mit einer wunderbar schönen Mischung von starrer Kraft und schmiegsamer Gewandtheit steht sie bald, bald beugt sie sich dem fremden Geist, ohne auch im letztern Fall ihre selbstständige Art daran zu geben. Und hierher gehört auch die maßvolle kluge Weise, wie sie mit der fremden Sache auch dem fremden Worte sich zu fügen weiß. Daß der Gothe Wörter wie angelus, satanas, diabolus, episcopus, evangelium, apostolus, parakletus, prophetes u. a. sich aneignete und dadurch den entsprechenden Begriffen ihre bisher unerhörte Neuheit und Eigenthümlichkeit bewahrte, können wir nur billigen; daß und wie er sie, mit wenigen Ausnahmen organisch umformte, dürfen wir als Kraft und Feinheit anerkennen; daß er trotzdem noch Mittel fand, ihnen einheimische, zum Theil prachtvolle Synonymen an die Seite zu stellen, müssen wir als glänzende Probe der innern Freiheit bewundern, aus welcher die geistigen Führer jenes Volks eine neue Geisteswelt seinem Bewußtsein vermittelten. Es wäre, um ein Beispiel zu nennen, ein entschiedener Verlust in dem Gedankengehalt unserer Sprache, wenn wir das Wort „Prophet" nicht hätten; nur dieses eine stellt jene einzig eigenthümliche Erscheinung des jüdischen Alterthums vollständig vor unser Bewußtsein und Wulfila hatte vollkommen Recht den Propheten praufetus, die Prophetin praufeteis, die Prophezeihung praufetja und praufeti zu nennen. Und doch hatte er die freie Wahl; denn prophezeien überträgt er mit dem Fremdwort praufetjan, und gelegentlich aber auch mit dem heimischen sauraqithan (vorhersagen, qithan noch erhalten in dem englischen qnoth). Das letztere that er im Gefühl von der Aehnlichkeit, das erstere im Bewußtsein von der Incongruenz der Begriffe und so gewann er für seine Sprache einen neuen Begriff und fünf neue und doch zugleich ihren Gesetzen angebildete Wörter, die bis heute dauern und welche sogar Campe „allenfalls für eingebürgert gelten" läßt, obgleich man das gute Wort „Seher" dafür habe. Allerdings ist das Wort gut, nicht bloß weil es Luthers und Klopstocks genialer Sinn geboren und wiedergeboren hat, und weil es den „Propheten" theilweise zu ersetzen vermag, sondern auch weil es uns zu einer weiteren Bemerkung hinüberführt.

Gleichwie ein tüchtiger Feind an den Grenzen das Volk wach und rüstig hält, so reizt das Fremdwort einfach durch sein Dasein die heimische Sprache zu einer unaufhörlichen Gegenwirkung, es ist eine stehende, fast spöttische Herausforderung zu Widerstand, Kampf und Sieg, in diesem Fall Uebersetzung genannt. Freilich mit fabrikmäßiger Verdeutschdümmelei wird da nichts gerichtet, diese führt meist nur zu Abgeschmacktheiten; aber die genialen Denker und Dichter des Volks, die selbstständigen Köpfe, die tüch= tigen Naturen, sind berufen und fühlten sich auch jederzeit berufen, den Handschuh aufzunehmen. Auf deutschem Grund ist dieser Kampf viele Jahr= hunderte hindurch ehrenvoll und gewinnreich geführt worden, Hunderte von glücklichen Wortgebilden sind neu geschaffen, Tausende von bestehenden Wörtern fortgebildet, in ihren Begriffen erweitert, geschärft, vertieft worden; die Prosa und noch vielmehr die Poesie, hat sich einen Reichthum von Synonymen erworben, der für das ganze Gebiet und Wesen der Sprache als segensreichste Wirkung sich erweist.

Auch das Altdeutsche, wie es vom 9. Jahrhundert an sich uns in reicherer Fülle erschließt, zeigt dieselbe Erscheinung, wie das Gothische des 4. Jahrhunderts: es hat schon, nur in viel höherem Grad, eine Menge fremder, d. h. römischer, mittelbar auch griechischer Begriffs= und Sprach= elemente in sich aufgenommen, hat sie theils schon in sich verarbeitet, theils sehen wir sie noch in der Verarbeitung begriffen. Von Westen und Süden her waren längst schon die Sendboten des Christenthums eingedrungen und hatten mit dem neuen Glauben auch römische Bildung und Sitte gebracht und, um mit W. Wackernagel zu reden, dieser „ruhig dauernde Bezug zu den Völkern des Südens und Westens öffnete sofort auch die Sprache einer breiten, tiefen, nachhaltigen, bis auf den heutigen Tag noch andauernden Einwirkung der Sprachen jener. Im Geleit und in weiterer Nachfolge der Belehrung, im Verlaufe des Mittelalters und noch der späteren Zeit, trat eine je und je noch wachsende Fülle neuer fremder Begriffe und damit auch Worte, in den Bereich des deutschen Lebens ein, Worte der Kirche, der Kunst, der Wissenschaft, des Bodenbaues, Gewerbes, Handels, Kriegswesens; und war auch ein Begriff nicht völlig neu, so empfing und lernte man doch jetzt die Sache in einer andern vordem nicht so gekannten Vollkommenheit." Letztere Bemerkung führt auf unsern „Propheten" zurück. Gewiß, war der Begriff, der in diesem Wort liegt, auch dem Barbaren kein völlig neuer, und wie der Gothe mit seinem fauraqithan, so machte sich jetzt alsbald der altdeutsche Sprachgeist daran, diesen Begriff seinen Söhnen zu übermitteln. Drei heimische Worte, wizago, warsago, forasago, lieferte die oberdeutsche, zwei andere, warspello und foraspello, die niederdeutsche Mundart; das fremde Wort aber verschwindet und taucht erst einige Jahrhunderte später in neuen, noch heute bestehenden Formen wieder auf. Es ist, als hätte die Sprache ihre ganze Kraft versucht und erprobt, und wäre, nach rühmlich bestandener Probe und gerade durch diese, zum Bewußtsein gelangt, daß der volle Sinn des fremden Worts, der biblische, historische, national= hebräische, religiöse, dogmatische trotz all jener Fülle doch nicht erschöpfend wiedergegeben sei. In mehreren der vorgenannten urdeutschen Wörter klang ein Echo nach aus heidnisch germanischer Zeit; es mochte durch die An= wendung auf einen christlichen Begriff schwächer und schwächer geworden, aber schwerlich je ganz verklungen sein. Zugleich mußten jene Wörter noth= wendig auch zu andern als biblischen Prophetien dienen, und so blieb im Kreise jener Synonymen eine Lücke, welche das Logische, sprachliche und religiöse Bedürfniß des späteren Jahrhunderts durch das wiederaufgenommene

Frembwort schloß. Als Luther, ein zweiter Wulfila, die zweite deutsche
Bibel schuf, fand er von jenen Wörtern nur noch den Wahrsager und (wie
man später aus Mißverständniß schrieb) den Weissager vor. Aber auch
diesem Sprachgewaltigen war es neben diesen Ausdrücken und dem fremden
Wort Bedürfniß, ein deutsches zu gestalten und er schuf den „Seher“,
welchen Klopstock und seine Nachfolger als edleres Wort und mit allgemeiner
Bedeutung in die Sprache der Dichtung erhoben, wo er heute noch lebt.
Schauen wir von heute zurück, so sehen wir, daß dieses eine fremde Wort
auf vier verschiedenen Stufen der Sprache sieben deutsche Wörter hervor-
gerufen hat, deren jedes in seiner Art und zu seiner Zeit gedient hat, seinen
eigenen und den fremden Begriff in edlem Wettkampf zu kräftigen, zu ver-
tiefen, zu schärfen und auszubilden. —

Wir haben unsere Erstlingsfrage immer noch nicht beantwortet: Was
ist denn ein Fremdwort? woran ist es zu erkennen? — Daß die Zeit der
Aufnahme nicht entscheidet, scheint ausgemacht. Prophet und Natur sind
fremd, obwohl sie seit dem 4. und 9., der Degen (als Waffe) und die
Gränze sind deutsch, obwohl sie erst seit dem 15. Jahrhundert erscheinen;
Beispiele werden rasch entscheiden. Der Fauteuil ist fremd, obgleich es ein
gut urdeutsches Wort und Möbel ist, das die Franzosen von uns gemiethet;
umgekehrt ist das Felleisen deutsch, obgleich wir es von den Franzosen
entlehnt haben. Das Palais und der Palast sind fremd und die Pfalz
ist deutsch, und doch stammen alle drei von dem römischen palatium. Auf
Johann geht der biedere deutsche Hausknecht, Hannes heißt der schwäbische
Bauer und Hannesle sein Bub, Hans ist Erbname in manchem
ehrenfesten Bürger- und Adelshaus; Johannes aber riecht nicht nach
deutschen Tannenzapfen, sondern schmeckt nach süßlich frommer Sentimen-
talität mit Schmachtlocken und Schmachtaugen; der Jean nimmt uns im
Gasthaus das Geld ab, das eigentlich der Johann verdient hat, und neuester-
dings, daß Gott erbarm! können wir schwören, daß ein Beefsteak, welches
John uns vorsetzt, 1 fl. 36 kr. kostet, während vom Trottoir draußen,
von seiner Gouvernante begleitet, ein schottisch angestrichenes deutsches Bürger-
kind die Zunge gegen uns herausstreckt und Johnny heißt, was sich gerade
recht auf pony reimt.

Jetzt werden wir wissen, was ein Fremdwort ist. Die Form, die sprachliche Form allein entscheidet und diese Form wirkt nicht allein formell,
sondern sehr, sehr materiell. Mit der Umschmelzung des Worts in den
deutschen Sprachorganismus wird auch die Sache deutsch, ja die Person, ja
ganze Städte und Provinzen. Denn als die germanischen Stämme sich
über das keltische Gebiet ergossen, da wandelten sich die keltischen Burgen
Noviomāzus, Tulbiācum, Regiomāzus, Lugdūnum, Moguntiācum, Borbeto-
māzus, Virodūnum, Lobodūnum, Lupodūnum, Campodūnum, Tarodūnum,
Brisiācum, Vitodūrum, Turicum, Verona, Mediolanum, Ravenna nach-
einander in Nimwegen, Zülpich, Remagen, Leiden, Mainz, Worms, Werden,
Ladenburg, Lupfen, Kempten, Zarten, Breisach, Winterthur, Zürich, Bern,
Mailand, Raben. Und genau demselben Gesetz des geistigen Schwertes er-
lagen nach entgegengesetzter Seite hin die Wenden und Slaven, als die
deutschen Ritter ihre Burgen stürmten. Da wurde aus Pozdupimi Potsdam,
aus Mezibor Merseburg, aus Osnum Usedom, aus Brody Deutschbrod, aus
Hologosta Wolgast, aus Bulowina Buchholz und Bockholt, um aus etlichen

taufend Beifpielen fechs zu nennen. Und weil wir von ganzen Provinzen fprachen, fo möge hier an die Pfalz, das Wasgau, an das fchwäbifche Rieß und an Welfchland erinnert fein.

Aber freilich, es ift lange her, daß die Sprache folch überwältigende Energie entfaltete; die Kraft ihrer Lenden ift verfiegen gegangen und „hätt' nicht das Schloß den Namen," unfere Zeit würde die Augusta Rauracorum und die Augusta Vindelicorum nimmermehr in (Bafel=) Augft und in Augsburg umzubauen wagen. Im Gegentheil, die fprachliche Renaiffance hat diefe kühnen naturwüchfigen Formen wieder abgebrochen und mit pebantifcher Sorgfalt aus Leiden, Werben, Danzig, Mömpelgart, Bern, Raben wieder Lyon, Verdun, Nancy, Montbéliard, Verona, Ravenna hergeftellt; nur Mailand, Venedig, Florenz, Neapel (Napel noch im „Fauft") erinnern noch an die deutfche Herrfchaft in Italien.

Nach diefen Beifpielen wird der Lefer, wenn uns überhaupt einer bis hierher treu geblieben ift, es vielleicht weniger unverfchämt finden, daß wir Wörter wie Kopf und Pferd für undeutfch erklärt haben. Wie? hat wohl mancher gedacht, foll mein germanifcher Urahn nicht einmal feinen eigenen Kopf über die Wolga herübergebracht haben? Hat er ihn vielleicht erft in Rom als Lehen überkommen, und war, alfo das goldbraune germanifche Lockenhaar, das den römifchen Damen als Perrücke diente, eine Art Bodenzins oder — Befthaupt? Und rühmt nicht fchon Tacitus von uns: equestris disciplinæ arte præcellunt, fie find vortreffliche Reiter? — Antworten auch wir mit einer rhetorifchen Frage. Kann man den franzöfifchen Volkscharakter kürzer und treffender zeichnen, als durch die drei Worte: Liebe, Tanz und Krieg? l'amour freilich ift lateinifch, aber fetzen wir ftatt deffen das fo bezeichnende und beliebte mignon mit den vierzehn von ihm abgeleiteten Wörtern, fo find le mignon, la danse und la guerre drei gut deutfche Wörter, welche die Altfranzofen von ihren germanifchen Nachbarn entlehnt haben.

Nicht etwa nebenfächliche Begriffe und Worte, nicht vereinzelte exotifche Gegenftände bildeten den Inhalt des fprachlichen Taufchhandels, fondern gerade die allen gemeinfamen Begriffe und Worte, die alltäglichften Bezeichnungen der alltäglichften Dinge im ftaatlichen, gefellfchaftlichen, fittlichen und geiftigen Leben, die Schlagworte des Kriegs und Friedens, des Rechts und des Verkehrs — gerade diefe waren es, welche Kelten, Römer, Romanen, Germanen und Slaven gegen einander austaufchten. Diefe Thatfache liegt vor, wenn wir auch ihre hiftorifchen und pfychologifchen Gründe hier nicht entwickeln dürfen. Nur eine Seite wollen wir andeuten. Die Sprache des gewöhnlichen Lebens hat eine entfchiedene Neigung, die hergebrachten edleren Worte durch minder edle zu erfetzen — auch ein Theil des unfterblichen Volkswitzes. So tritt z. B. an die Stelle des Kopfes der „Schädel", in Süddeutfchland der „Grind". So haben die romanifchen Sprachen von der römifchen nicht das edlere caput angenommen, fondern fie haben, ohne Zweifel fchon aus der lateinifchen Bauernfprache, das Wort testa vorgezogen, welches ein irdenes Gefäß und einen Scherben bezeichnet. Italienifch und fpanifch heißt testa der Kopf, franzöfifch tête, während das alte caput als capo, chef u. f. w. anderweitig verwendet wurde. Faft klingt es wie eine Nachahmung, daß die Germanen in der Berührung mit den Romanen fich den gleichen Spaß erlaubten und, mit Hintanfetzung des

„Haupt", gothisch haubith, das lateinisch-romanische cupa, coppa, altdeutsch cuph, coph und copf sich aneigneten, was ursprünglich und noch im Alt- und Mitteldeutsch ein Trinkgefäß bedeutet. So bilden denn jetzt Haupt, Kopf und Grind eine absteigende Klimax, aus welcher ein Hegeling, wie die Hegelianer schon in der Gudrun heißen, die allerschönste dialektische Treppe zimmern kann. Das alte Wort aber hat sich auch hier wieder in die reineren Höhen der gehobenen Sprache geflüchtet und der sprachliche Unsegen sich in Segen gewandelt. Schade, daß uns der gewissenhafte Diez in seinem Romanischen Wörterbuch einige Zweifel in den Weg wirft; es wäre gar zu hübsch, wenn das französische la rosse und das edle Thier, auf welchem Don Quixote in die Unsterblichkeit hineinreitet, ein deutsches „Roß" wäre. Aber ein sprachlicher Pferdehandel hat doch stattgefunden. Nicht weniger als drei ureigene Wörter hatte der Germane für das Pferd, ehu, hros und march, abgesehen von einem halben Dutzend anderer Namen, die sich auf Unterschiede des Geschlechts u. s. w. beziehen. Das erste ist ganz ausgestorben, das dritte zur „Mähre" abgemagert, das zweite der süddeutschen Mundart und der höheren Sprache geblieben, für den Alltagsgebrauch aber eine fremde Rasse aufgesattelt worden, das Pferd, oder im pfälzischen Dialekt, das Perd, in der älteren Sprache, wenn wir an der Hand von tausend urkundlichen Stellen rückwärts schreiten, pferit, pherit, pherfrit, perfrit, parfrit, parevrit, parafrit, parafret. So weit, d. h. bis in's 9. Jahrhundert hinauf gehen die deutschen Formen; daran schließt sich das mittellateinische parēdrus, im 5. Jahrhundert parafrēdus; daran das spät-römische paraverēdus, d. h. das Extrapostpferd (vom griechischen παρά = neben), zu dem schon früher (Ausonius, Martial) erscheinenden einfachen Postpferd, dem verēdus, gesattelt und gelenkt von dem veredarius, dem Postillon und Courier. Eine leichträdrige reda hatte den leichtsinnigen Venusinischen Poeten nach schlafloser Nacht aus der rauchigen Schenke von Trivicum entführt, und als Umbricius, der Freund Juvenals, der sündenschweren Weltstadt müde war, da wird Weib und Kind und sämmtlicher Hausrath — tota domus reda componitur una — auf eine Reda zusammengepackt und hinaus geht es durch die triefenden Bogen der Porta Capena, der Trösteinsamkeit von Cumä zu. Der gelehrte Quintilian erzählt uns aber, daß reda kein römisches, sondern ein fremdes Wort sei, welches die Römer von den Galliern entlehnt hätten, gerade wie (das sagt aber nicht mehr Quintilian) die Deutschen ihre Kutsche von dem polnischen kocz und ihre Droschke von der russischen droski bezogen.

Jetzt endlich können wir unsere Geschichte erzählen, eine „culturhistorische Novelle". Vor ungefähr 2500 Jahren war es einem keltischen Familienvater an den Ufern der Sequana, da wo jetzt Paris steht, zu warm geworden, unbekannt aus welchem Grund, sei es, weil sein Häuptling eine neue Steuer ausschrieben oder mit den Druiden ein Concordat abgeschlossen hatte, oder was sonst. Kurz, der Mann packte seine Siebensachen zusammen — tota domus reda componitur una — und fuhr mit Roß und Wagen dem Süden zu. Bei den Pfahlbauern am Züricher See erholte er sich Raths ob es über Splügen, Lukmanier oder Gotthard, damals mons Adula genannt, näher und wohlfeiler sei. Darob erhub sich unter den Anwohnern ein lebhafter Streit, dessen Ende unser Wanderer wohlweislich nicht abwartete. Fortem fortuna juvat, dachte er auf keltisch und kam glücklich über die Alpen. Im schönen Tiefland des Padus' siedelte er sich fest, baute sein Korn und züchtete sein Vieh. Sei es, daß sein Geschlecht von selbst wuchs wie die Kinder Israels im Lande Gosen, sei es, daß ihm andere steuer= und druidensatte Landsleute von dem Arar und der Sequana her folgten — binnen kurzer Frist füllte sich das Land zwischen Po und Alpen mit gallischem Volk, also daß die spätern Römer es ein dießseitiges Gallien nannten. Mehrfache Stellen der Classiker bezeichnen uns die keltischen Stämme als ein roß= und wagenkundiges Geschlecht und wir wundern uns also nicht, daß die alte reda sich mehr und mehr des Beifalls der praktischen Römer erfreute, und sich im Laufe der Zeit vom Rang eines Last= und Wanderkarrens zur Würde des römischen Staatswagens und zur leichten Eleganz des Reisewagens entwickelte, wie einer im Jahr 37 v. Chr. zu den Thoren Roms hinausrollte. Eine lustige und stolze Gesellschaft, wie sie allmählich auf dem Wege nach Brundisium sich zusammenfand. Da war der Redner Helioborus »Græcorum longe doctissimus,« der edle Jurist Coccejus, der Legat Fonteius Capito, »ad unguem factus homo,« ein voll= endeter Gentleman, wie man jetzt sagt, der geistreiche Varius, und, selbst ein Sohn des keltischen Landes, der edle Virgilius, »animæ quales non can- didiores terra tulit,« der elegante Mäcenas, und vor allen, wie oben ge= sagt, der kleine schwarzlockige Horaz.

Doch auch die Zeit rollt auf flüchtigen Rädern und einige Jahrhunderte später sehen wir das römische Straßennetz über die halbe Welt gespannt, und wie einst im persischen Reich die Eilboten, trägt jetzt die reda, tragen tausend flüchtige Courierwagen die Depeschen der Imperatoren von Rom und Byzanz nach den Enden der Erde. Der schwere Radkasten jenes galli= schen Hinterwäldlers, der vielleicht mit Ochsen bespannt die Furten der Se= quana gesucht hatte, rollt jetzt, von veredus und paraveredus gezogen, über die steinerne Rheinbrücke in das gallische Land zurück. Die Stämme Ger= maniens, lange schon in engstem Verkehr mit den Römern, nahmen den officiellen Kunstausdruck der kaiserlichen Postanstalt in ihre Sprache herüber und sprachen von einem parafred, pharit, Pferd, die weichere Zunge der spanischen und französischen Provinzen von einem palafren und palafrei, welch letztere Form bekanntlich heute noch in Frankreich als palefroi paradirt. Das ist die Geschichte eines Fremdworts, und, um mit denselben Worten wie Horaz die Reise zu schließen:

Brundisium longae finis chartaeque viaeque est.

Wir haben in der Geschichte eines einzigen Wortes nachgewiesen, welch wunderbare Gänge ein paar Buchstaben machen müssen, um endlich bei irgend einem Volk als stehendes Symbol eines Begriffs auszuruhen. Wir könnten dasselbe Gesetz an Hunderten und Tausenden von Wörtern gleich sicher erweisen. Es stellt sich uns jetzt aber die Frage in den Weg: „In welcher Periode der Sprache ist denn jener Proceß der „Umdeutschung“ vor sich gegangen und wann hat er geendet?“ Einfach in der Periode, in welcher unsere Sprache überhaupt noch in lebendigerem Fluß, in der Arbeit ihrer lautlichen Selbstgestaltung war; wir beobachten ihn also vom ersten geschichtlichen Auftreten der Sprache und von ihren ersten Berührungen mit fremden Völkern an die ganze Dauer der sogenannten althochdeutschen und zum Theil noch in die mittelhochdeutsche Zeit herein. Im Allgemeinen, freilich sehr allgemein, kann etwa das Ende des 13., der Beginn des 14. Jahrhunderts als der Augenblick bezeichnet werden, wo das organische Wachsthum zu stocken anfing, die treibenden Säfte träger flossen, und damit auch die energische Umbeutschung der neu eingeführten exotischen Gebilde erstarrte. Statt aber dieß näher auszuführen, verweisen wir auf W. Wackernagels Schrift „Die Umbeutschung fremder Wörter".

Eben im Hinblick auf dieses zwillingsartige Mitwachsen des Fremden mit dem Heimischen sind wir nunmehr vollständig berechtigt, alle jene Wörter, welche nach deutschem Sprachgesetz organisch umgewandelt sind, echt deutsche Wörter zu nennen. Pferd und Pfalz sind zwar nicht urdeutsch, aber gut deutsch; palefroi und palais sind gut französisch, beide sind aus einer gemeinschaftlichen dritten Quelle geschöpft, aber beide sind nach den Gesetzen beider Sprachen vollständig umgewandelt worden, sie unterliegen allen sprachlichen Gesetzen und Pflichten ihres Landes, genießen daher mit Fug auch die Rechte desselben. Wer sich über diesen großartigen Begriffs- und Wörtertausch der germanischen und romanischen Völker seit dem Ende des Römerreichs gründlicher und umfassender belehren will, dem ist unter Anderem in der sechsten Nummer der zweiten Serie von Max Müllers „Vorlesungen über die Wissenschaft der Sprache" reichlicher Stoff in anziehender Form geboten.

Nachdem wir nun aber der Sprache vom 14. Jahrhundert an gewissermaßen die Fähigkeit abgesprochen haben, die ferner einbringenden Fremdwörter in sich zu verarbeiten, so könnte vor einem ängstlichen Gemüth die Gefahr aufsteigen: es möchte im Laufe der Zeiten und bei dem immer mehr sich durchdringenden leiblichen und geistigen Verkehr der Völker unsere eigene Sprache allmählich unter dem Andrang der fremden Wörter ersticken, und gleich dem Baum unter den ihn umwuchernden Schlinggewächsen absterben. Und wenn anders unser Satz von dem Fremdwort als Schmuck und Gewinn der Sprache ernstlich gemeint und für die ältere Zeit die Beweise wenigstens angedeutet waren, so erhebt sich doch jetzt wieder die Frage, ob er auch für die Unmasse der später eingedrungenen und noch täglich einbringenden Wörter gilt, die von der Sprache nicht mehr oder nur flüchtig verarbeitet werden; und es ersteht die zweite Frage: wie sich die neuere Sprache diesem Andrang gegenüber zu verhalten habe.

Theoretische Regeln hier aufzustellen, wäre vergeblich, abstracten Purismus zu treiben, wäre thöricht. So anerkennens- und ehrenwerth Unternehmungen sind, wie der „Verein für deutsche Reinsprache" und des Herrn Wißmeisters (zu deutsch Doctors) J. D. C. Brugger „Fremdwörterbuch für das deutsche Volk", können wir denselben doch nur einen untergeordneten Werth beilegen. Man übersetzt uns z. B. Elektricität mit Blitzstoff, Fabel mit Thiermärchen, Roman mit Geschichtsdichtung, Galopp mit Schnelllauf, Schwunglauf, Humor mit Laune, Stimmung, Witzlaune, Person mit Vernunftwesen, Selbster, Mensch, Pietist mit Andächtler, Frömmler u. s. w. Jedermann sieht auf den ersten Blick, daß fast all diese Uebertragungen grundfalsch sind, und auf den zweiten Blick, daß an die Stelle eines an sich guten, aber fremden Worts mehrfach ein schlechtes deutsches oder vielmehr undeutsches, also wieder ein fremdes Wort, gesetzt wird. Nicht als ob der betreffende Verdeutscher die fremden Wörter durch die ebengenannten deutschen austreiben wollte; er will sie nur erklären. Aber wie erklärt er

sie? — Schlecht. — Warum schlecht? — Weil er das Wesen des mensch=
lichen Wortes verkennt, weil er vergißt, daß ein deutsches Wort a nicht der
photographische Abklatsch eines Wortes ist, das in einer andern Sprache b
lautet und mit dem deutschen Worte zusammen der Doublettenabklatsch von
irgend einem Begriff x ist; weil er nicht beachtet, daß vielmehr ein jedes
einzelne Wort das Resultat einer, meist durch Jahrhunderte gehenden, psycho=
logischen und geschichtlichen Entwicklung ist, der auf ein Minimum zusammen=
gepreßte Inhalt einer langen, langen Reihe von complicirten Vorstellungen,
welche bloß einmal und dann nie wieder in dieser Folge und Verbindung
vorkommen können. Jedes Wort ist ein Unicum, das seinesgleichen in der
Welt nicht hat, und „du sollst dir kein Bildniß noch irgend ein Gleichniß
machen," möchte man für die unberufenen Verdeutscher beisetzen. Jedenfalls
wird das Bildniß und Gleichniß stets unvollkommen ausfallen. Wir haben
in unserer eigenen Sprache keine zwei Wörter, die sich vollständig decken,
und wollten auf die Möglichkeit hoffen, daß ein aus tausend Elementen zu=
sammengesetzter psychologischer·Proceß, der ein paar hundert Jahre durch
romanische Köpfe gelaufen ist, und ein gleich langer und gleich verwickelter
Proceß in germanischen Köpfen eines Tags in zwei gleiche Krystalle zu=
sammenschießen werde, Winkel und Flächen, Stoff und Größe gleich?
Nimmermehr. Daß esprit Geist und âme Seele heiße, mag für den Quar=
taner und für den nothdürftigsten Hausbrauch gut genug sein; daß esprit
und Geist, âme und Seele sehr verschiedene Dinge sind, weiß jeder Deutsche,
der französisch und — was nicht immer der Fall ist·— auch deutsch kann.

Gut, erwiedert man, das mag für abstracte Begriffe richtig sein, weil
solche an sich schon aus der psychologischen Verschiedenheit der Nation her=
ausgewachsen sind; aber für sinnliche concrete Gegenstände doch nicht? La
maison heißt doch das Haus und le cheval heißt das Pferd? Wir bedauern
das bestreiten zu müssen; wir schieben aber der Gegenpartei den Beweis
für ihre Behauptung zu und sie wird ihn erst dann hergestellt haben, wenn
sie uns bewiesen hat, daß für maison und cheval, in jedem einzelnen Fall,
in welchem der Franzose das Wort anwendet, das Haus und das·Pferd
die beste deutsche Uebersetzung sind, und umgekehrt. Sobald nur ein ein=
zigesmal maison besser mit W o h n u n g oder d a h e i m und dgl., cheval
besser mit R o ß, G a u l u. s. w. gegeben werden kann, sobald nur ein
einzigesmal das Haus treffender mit demeure u. s. w., das Pferd richtiger
mit coursier oder sonstwie übertragen wird, so ist bewiesen, daß Haus und
maison, Pferd und cheval je zwei Begriffe sind, welche sich nicht decken.
Wir denken, die Gegenpartei wird uns für maison ihren Beweis ganz
schuldig bleiben und wird ihn sogar für ein allen Völkern gemeinsames
Naturerzeugniß wie cheval nicht ganz führen können.

Wenden wir diesen unseren strengeren Begriff vom Wesen des Worts
auf die obengenannten Wörter an. Roman — Geschichtsdichtung — ge=
rechter Himmel! Man denkt unwillkürlich an Frau Louise Mühlbach oder
an Herrn Onno Klopp's Streitschriften gegen den Gothaer. Es ist der redliche
und verdienstvolle, aber allweg etwas lederne J. H. Campe der das Wort
erfunden hat, übrigens auch „Dichtgeschichte" passiren lassen will. Wir ver=
zeihen ihm seine Sünden in der Erinnerung an selige Stunden· der alles
verdauenden Jugendzeit, die sogar seine Verbalhornung des unsterblichen
Robinson vertrug; aber jenes Wort ist unverdaulich. In ihm liegt gar

nichts, während im „Roman" eine ganze Reihe von Literatur= und Cultur=
Perioden sich zusammenschließt. Mit einem Schlag setzt uns dieses Wort
in die Zeit zurück, wo von Spanien, Frankreich und Britannien her jene
fremden Phantasien hereindrangen und trägt uns, an Amadis, Simplicius,
Don Quixote, an Fielding und Sigwart, an Wilhelm Meister und Waverley
vorüberstreifend, bis zum neuesten Opus, das aus der Leipziger Presse kommt.
Derselbe Blitz hat in derselben Secunde eine versunkene Welt unserer eigenen
Erinnerung und Lebensgeschichte überleuchtet, und das alles nur mit dem
einen Wort, für welches es ein zweites nicht gibt. Bei „Dichtgeschichte"
aber thun uns nur die Zähne weh und bei „Geschichtsdichtung" fällt uns
nichts ein als Campe's „Wörterbuch zur Erklärung und Verdeutschung der
unserer Sprache aufgedrungenen fremden Ausdrücke" mit seinen 700 Folio=
seiten. Was wollten vollends unsere reisenden Philister jeglichen Geschlechts,
Alters und Standes mit einer Gegend anfangen, wenn sie nicht einmal
mehr romantisch sein dürfte? Es kann doch nicht gestattet werden, daß ein
Dampfschiff voll gebildeten Publikums an den Felsen von Lorelei oder Chillon
vorüber den aufgehenden Mond nur so anbelle wie die jungen Hunde?

Aehnliche Bemerkungen gelten für die „Fabel," die schon Campe für
eingebürgert erklärt. Die Alten übersetzten es wörtlich mit spol, Erzählung,
Geschichtchen und wir verdanken es wohl nur dem fremden Wort, daß sich
jenes urdeutsche spel noch in bispel, Beispiel erhalten hat. (Bei den Eng=
ländern in gospel [god's spel] Evangelium). Die Person — „Sperren
Sie das ‚Vernunftwesen' auf acht Tage in Arrest, daß es Raison annimmt!"
— würde gewiß gut klingen.

Genug der Proben. Aber wo ist das Maß, wo ist die Grenze, die
nicht überschritten werden sollte? Es ist schwer zu sagen. Die Sprache fällt
in die Welt des Geistes, diese aber hängt überall und innig mit der Welt
des Stoffes, mit dem materiellen Leben zusammen. Auf dem Boden des
letzteren herrscht ein bisher unerhörter gegenseitiger Verkehr und Austausch
zwischen den Rassen, Völkern, Staaten; die bedeutendsten Erscheinungen des
materiellen Lebens werden in einem Augenblick Gemeingut, die Schlagbäume
verfaulen in den Straßengräben und die Nationen selbst laufen als rasch
wuchernde Capitale durch alle Welt; Freihandel ist die Parole und die
Schutzzölle wollen nicht mehr helfen. So auch naturgemäß auf dem Gebiete
des Geistes; Schutzzölle helfen nicht mehr. Aber gerade in jenem scheinbar
gleichgiltigen Durcheinander der von der Natur gesetzten Unterschiede, in
jener neutralen Weltausstellung der nationalen Werthe hat sich das rechte
Bewußtsein der natürlichen Unterschiede gebildet und geklärt und für jedes
einzelne die Nothwendigkeit sich ergeben, seine eigene Art in kräftigster Ent=
faltung geltend zu machen, so in Handel und Wandel, so in Politik, so in
Bildung und Gesittung und somit auch in der Sprache. Wir schließen das
Fremde nicht von uns ab, sondern wir rufen es selbst herein; aber wir ver=
werthen es zu unserem eigenen Vortheil, indem wir es mit selbstständiger
Kraft gestalten. Diese Kraft ist, auf die Sprache angewendet, nicht mehr
die alte energische Umgestaltung des Lautes; diese Fähigkeit ist uns, wie
wir oben gezeigt, abhanden gekommen; wir müssen sie also auf andere Weise
ersetzen. Die Väter waren naiv und unbewußt, die Enkel sind reflektiv und
bewußt. Benützen wir diese Eigenschaft.

Vor Allem kaufen wir nichts, was wir selbst haben; sagen wir z. B.

nicht statt zurückkehren „retourniren", wie man es sogar in deutschen Zei=
tungen liest; das ist entweder crasse Unwissenheit und Unbildung, oder un=
gesittete Maulfaulheit, oder dumme Affectation, vielleicht auch mitunter nur
eine allgemeine Simpelhaftigkeit. In diesem Punkte der Adoption von
Wechselbälgen für die Erstgebornen des eigenen Bluts ist Mißbrauch und
Unzucht heutzutage wieder übermäßig. Und zwar stehen wir keinen Augen=
blick an, die größere Schuld hieran nicht der vulgären Sprechweise zuzu=
schieben, sondern der Schriftsprache, d. h. allen den Mitgliedern der Gesell=
schaft, welche in irgend einer Weise, sei es als Schriftsteller von Fach oder
als Journalisten oder Lehrer, Geistliche, Beamte, als Volksredner in geist=
lichem oder weltlichem Sinn zu wirken berufen sind. Denn diesen zunächst
ist die Aufgabe gestellt und ihre Lösung ermöglicht; kraft ihrer höhern
Stellung und Bildung, das nationale Eigenthum in seinem Werth zu er=
kennen und in seiner Würde zu wahren, so in der Schrift, so in der leben=
digen Rede. Oder sollen wir sogenannten Gebildeten etwa von den soge=
nannten Nichtgebildeten sprechen lernen? wiewohl auch das nichts weniger
als ausgeschlossen bleibt; die größten Denker und Dichter haben immer einen
Theil ihrer Formgewalt aus den Tiefen des Volks geschöpft. Wir brauchen
dem fremden Wort gegenüber durchaus keine andere Kraft einzusetzen, als
dem der eigenen Sprache; wir brauchen nur klar und scharf zu denken.
Das führt von selbst zu einer gewissenhaften Wahl und demgemäß zu einer
tiefern Betrachtung des Worts. Aus dieser wird sich in neunzig Fällen
unter hundert ergeben, daß die deutsche Sprache viel mehr bietet, als dem
durch die Fülle des bereitliegenden Fremden verweichlichten Sinn geschienen
hatte. Für jene zehn übrigen Fälle wird dann, wer mit Stoff und Form
seines Denkens gewissenhaft umgeht, gewiß auch das treffendste fremde Wort
herausgreifen und werden Hörer und Leser spüren, daß es so und gerade
so und nicht anders dastehen mußte. Dann wird selbst für unsere Zeit der
oben scheinbar paradox aufgestellte Satz gelten: daß das Fremdwort eine
Kräftigung, Schmuck und Vortheil der heimischen Sprache sei.

So wie die Dinge heute stehen, ist und bleibt jedenfalls auch für sprach=
lich tiefer gebildete Menschen ein sogenanntes Fremdwörterbuch ein Bedürfniß,
und ein solches wie das von Heyse eine Wohlthat. Es ist unfers Wissens
das einzig brauchbare, ein wirklich wissenschaftliches Werk. Im Jahr 1804
vom Schuldirektor J. Chr. A. Heyse als „Verdeutschungswörterbuch" be=
gründet, erlebte es bis zu dessen Tod 1829 fünf Auflagen. Der Sohn,
H. W. L. Heyse, setzte das Werk des Vaters mit den steigenden Mitteln
der neuern Sprachwissenschaft fort bis zur elften Auflage und zu seinem
Tod 1855. Diese elfte zum Theil, die zwölfte ganz bearbeitete der bekannte
Sprachforscher C. A. F. Mahn; die jetzt vorliegende Ausgabe ist von Dr. A.
Otto=Walster bearbeitet.

Einer der größten Sprachgelehrten der Gegenwart, der gewohnt ist,
hohe Forderungen zu stellen, Steinthal in Berlin, nennt das Werk von
Heyse Sohn „eine Quelle reicher Belehrung selbst für den Gelehrtesten".

III.

Stab oder Meter?

Eine ähnliche Frage lag vor anderthalbtausend Jahren dem west=
gothischen Bischof Wulfila vor, als er mit seiner Bibelübersetzung an
Marcus 4, 24 kam und seinen Landsleuten in ihre heimische Sprache dol=
metschen sollte, was später der sächsische Dr. Luther also ausdrückte: „Mit
welcherlei Maß ihr messet, wird man euch wieder messen." Das Meter,
μέτρον, war das Wort des griechischen Urtextes, und dem feinfühligen Ohr
des Meisters entging schwerlich der Anklang an die eigene Sprache als er
niederschrieb: in thizaiei mitath mitith mitada izvis, wörtlich und sinn=
getreu, markig und klangvoll, und noch um eine Silbe kürzer als der kurze
griechische Text. Noch an sechs andern Stellen überträgt er dieses μέτρον,
freilich nur im allgemeinen Sinn eines Maßes, mit seinem mitaths, und
an einer siebenten, Lucas 16, 7, gebraucht er das gleiche Wort für den
griechischen κόρος, den Luther mit „Malter" übersetzt.

Einmal, Lucas 6, 38, also in der Parallelstelle zum obigen Mar=
cus 4, 24, wechselt Wulfila und wählt statt mitaths die vollere Nebenform
mitadjo. Ein Hohlmaß erscheint nur noch Marcus 4, 21, und auch hier
vermag der Gothe den griechischen (aus dem Latein entlehnten) μόδιος, den
lutherischen „Scheffel" mit seinem urgothischen mela (unser Mal) auszufüllen.
Längenmaße zeigen sich innerhalb des von Wulfila übersetzten biblischen
Textes drei: die Elle (πῆχυς,) das Stadium (στάδιον) und die Meile
(μίλιον, wieder ein griechisches Fremdwort aus dem Lateinischen.) Unsere
Elle (Matth. 6, 27) heißt schon im gothischen Text aleina, schwerlich ein
Lehnwort aus dem lateinischen ulna oder griechischen ὠλένη, sondern ur=
verwandt mit beiden. Die Meile (Matth. 5, 41) ist gothisch rasta, unser
Rast, Ruhepunkt. Dem Stadium endlich entspricht die gothische spaurds,
in der wir unser „Spur" vorausfühlen.

Immer und immer, und so auch heute wieder, drängt sich die hoff=
nungslose Sehnsucht vor nach dem verlornen gothischen Texte des alten
Testaments, und die Hand, welche diese Zeile niederschreibt, sollte mit
Freuden hingegeben sein, könnte ein solch geringer Preis den versunkenen
Hort zu Tage zaubern. Dann vermöchten wir auch reicheren Bericht zu
geben über gothische Behandlung fremder Maße. So aber mag uns gestattet
sein, die obigen dürftigen Notizen aus verwandten Gebieten zu ergänzen.

Von fremden Münzen hatte Wulfila sieben Namen vor sich. Das ἀργύριον, den lutherischen Silberling, gibt auch er mit silubr und silubrein, aber auch mit skatts (Schatz), während er Marcus 14, 11, wo ἀργύριον Geld im allgemeinen heißt, es mit faihu übersetzt (unser „Vieh," früher aber Besitz, Eigenthum überhaupt; vgl. pecu und pecunia, „Capital" und englisch cattle.*) Die Mine, μνᾶ, das lutherische Pfund, wird gleichfalls in skatts und in die ebenso urdeutsche daila (Theil) umgeprägt. Der Denar, δηνάριον, bei Luther der Groschen, ist wiederum skatts. Dagegen für die mit dem Denar ungefähr gleichwerthige Drachme, δραχμή, von Luther gleichfalls mit Groschen übersetzt (Lucas 15, 8. 9), läßt der Gothe das fremde Wort stehen, nur daß er es, wahrscheinlich nach Analogie des männlichen skatts, in einen masculinen drakma umbildet. Auch das ἀσσάριον, der lutherische Pfennig (Matth. 10, 29), wird ein gothischer masculiner assarjus, und den κοδράντης, Luthers „Heller" (Matth. 5, 26), wechselt Wulfila mit dem kintus aus (ist das am Ende gar ein römischer quintus, ein Fünfling, wie der κοδράντης ein aus dem Lateinischen gräcisirter Quadrant oder Vierling?). Aus den alttestamentlichen Fragmenten hat uns der Zufall das δίδραχμον, die Doppeldrachme, gerettet (Nehem. 5, 15), welche Wulfila mit sikls übersetzt, also mit Entlehnung des hebräischen sekel.

Aus andern gothischen Sprachtrümmern ist uns noch erhalten das Fremdwort unkja (männlich), die römische uncia, und endlich der germanische Schilling, skillings, im Ganzen also neun Geldsorten, worunter vier fremdsprachige. Sehr zu bedauern, daß von Marcus 12 gerade die 6 letzten Verse im gothischen Text fehlen; wir wüßten sonst wie Wulfila das λεπτόν, das lutherische „Scherflein" überträgt. Aber von den bisher genannten zwölf griechischen Namen sind fünf, μόδιος, μίλιον, δηνάριον, ἀσσάριον und κοδράντης, selbst schon Lehnwörter aus dem Lateinischen, also schon damals ein recht lebhafter sprachlicher Tauschhandel auf dem internationalen Geldmarkt der Hebräer, Hellenen, Römer und Germanen.

Die Parallelstellen der Evangelisten sind doch zu mancherlei gut. Zwar von Marcus 24 sind im gothischen Text die drei ersten Verse verloren, und nur die vierthalb letzten Worte des vierten gerettet; um so unversehrter blieb Joh. 12, 3: marja nam pund balsanis nardaus pistikeinis — Maria nahm ein Pfund echter Balsam-Narde. Da haben wir nicht weniger als vier Fremdwörter in einem Zug (das letzte, das griechische πιστικός scheint Wulfila als eine Art nomen proprium gefaßt zu haben, vielleicht nicht ganz mit Unrecht). Und unter diesen vier Wörtern auch unser Pfund, das also schon der Gothe von dem römischen pondo entlehnte, wahrscheinlich aus dem sehr verzeihlichen Grunde, weil seine eigene Sprache nichts Entsprechendes bot. Dazu fügte dann die altdeutsche Periode den römischen Centner, die mitteldeutsche das quinti, Quint = ¼ Loth, obgleich es wörtlich ein Fünftel heißt. An unserem ganzen amtlichen Gewichtsystem also ist nur das Loth ein deutsches Wort.

Günstiger steht die Sache mit den Längenmaßen. Hier sind Zoll und Fuß oder Schuh, Klafter und Ruthe deutsch, dagegen das größte und das kleinste Maß römisch, die Linie und die Meile. Anstatt der letzteren haben die romanischen Völker sich die keltische leuga angeeignet.

---

*) Der alemannische Bauer nennt sein Vieh schlechtweg die Hab.

Seine Mittel erlauben dem Schreiber dieser Zeilen einen großen Theil des germanischen Wortschatzes chronologisch und synonymisch nach Begriffen geordnet zu überschauen und so liegt ihm heute auch ein Verzeichniß der Längen= und Flächen=, der Hohl= und Trockenmaße u. s. w. vor Augen und er könnte sinnigen Gemüthern, welche für Eichenlaub und 24karätiges Deutschthum schwärmen, manche Freude bereiten. Aber eben indem sein Auge beherrschend über diese Fülle streift, erkennt es auch die Mängel dieser Fülle, die Armuth dieses Reichthums. Was hilft uns das Deutschthum der „Elle," die Urwüchsigkeit der „Klafter," die vollmäßige Sinnlichkeit des „Schuh's," das Waldgefühl in der „Gerte," das urgermanische Alterthum eines „Gemünde" (d. h. Spanne, vom altdeutschen munt, Hand), die Poesie eines „Roßelaufs," wenn in jedem deutschen Gau sich an solche Wörter ein anderer mathematischer Begriff knüpft? Steht einmal das metrische Decimal= system als gemeinsame Nothwendigkeit für gebildete Völker des Erdballs fest, als saeva Necessitas, clavos trabales et cuneos manu gestans aëna, d. h. mit dem platinenen mètre des archives in der Faust, nun, dann ist zu bedenken, daß dieses System als künstlich wissenschaftliche Schöpfung an sich schon aller populären Wortbildung strads entgegensteht. Die Vereinigten Staaten von Europa sehen ein, daß ein internationales mathematisches Al= phabet fortan nicht entbehrt werden kann, daß eine Anzahl mathematischer Gemeinbegriffe aufgestellt werden muß; zu neuen Begriffen aber gehören Worte, Namen. Daß die gräco=gallischen Namen des Pariser Systems zum Theil verfehlte Sprachzwitter sind, bestreitet Niemand; es ist aber sehr die Frage, ob jenes System ohne seine streng und gewaltsam durchgeführte, gleichsam über der sprachlichen Atmosphäre schwebende, im kalten Aether der mathematischen Formel erstarrte Nomenclatur zu der siegreichen Macht sich durchgearbeitet hätte, welche heute zum Gange durch die Welt ihre Lenden gürtet.

Wir sprachen von Worten und Begriffen; wir haben uns immer noch nicht richtig ausgedrückt. Um Wörter und Formeln handelt es sich. Ein Meter, ein Centimeter ist kein Begriff, so wenig als die Zahl 3 oder 4 oder eine Million. Eine Million Thaler, das ist eher ein Begriff, ja viele Leute möchten das sogar eine Idee und zwar eine sehr schöne Idee nennen. Von einem Meter läßt sich keine logische Definition geben, es läßt sich von ihm nur sagen, daß er eine Linie sei, so lang als der Platinstab im Pariser Archiv. Es handelt sich darum, an Stelle eines Labyrinths wechselnder Größenbilder ein festes System mathematischer Formeln zu setzen. Wie jenen Platinstab, so sollen wir unsere populären Maß=Symbole in die Temperatur des schmelzenden Eises stellen, auf daß sie zur festen Linie, zur sichern Formel erstarren. Es ist etwas kühl und schauert uns ein bißchen, aber in ein paar Jahren, vielleicht Monaten, ist es überstanden. Nehmen wir an, es trete ein Volk in Europa ein, das von Urzeit her noch die quinare, duodecimale, vigesimale Zählmethode ererbt hätte — wie könnte es damit unter uns bestehen? Es müßte unbedingt und mit einem Entschluß die heimische Tradition sich vom Leibe reißen, und wenn die Haut mitginge, und müßte lernen nach Zehnern statt nach Fünfern und Zwölfern zu zählen. Und ähnliche Processe haben Germanen und andere Völker durchgemacht. Auch die Annahme des sogenannten arabischen Zahlensystems hat noch kein Volk bereut.

Stab oder Meter fragten wir. So gut alle Völker den Telegraphen angenommen, die Sache und das Wort, so gut können sie den oder das Meter ertragen. Der neue Stecken ist aus ganzem und gutem Holz, und für Dauerhaftigkeit kann garantirt werden. Der Stamm, aus dem er geschnitten, stand schon vor fünftausend Jahren in Asien drinn, und die arischen Völker sind manch liebes Jahrhundert unter seinem Schatten gesessen, und als sie des Sitzens müde waren, schnitt sich jedes einen Stecken von dem heimischen Holz, sagten einander noch einmal auf gut alt-arisch „b'hüts Gott!" und „glückliche Reise!" und wanderten hinaus nach den vier Straßen der Welt, allwo sie dann allmählich russisch und polnisch, griechisch und lateinisch, böhmisch und gothisch, ja die begabtesten Köpfe sogar schwäbisch und bayerisch lernten. In Europa trafen sie schließlich wieder zusammen, verwunderten sich merklich, wie sich jedes so verschieden ausgewachsen habe, erzählten sich ihre Erlebnisse, Thaten und Abentüren und sagten einander die schönsten Schmeicheleien, wie jedes so groß und stark und verständig geworden. Um aber zu erfahren, wer am weitesten gewandert, holten sie, wie die weiland Studenten, ihre Ziegenhainer vor, und es zeigte sich, daß selbige ziemlich ungleich abgelaufen waren. Es ging aber eine alte Sage unter ihnen: als die arische Herrlichkeit zu Ende gegangen, die Menschen in das Elend gewandert und ihre Götter in das Nichts versunken, da habe der blitzesendende Gott Indra seinen letzten strahlenden Donnerkeil gen Norden geworfen und zu den ausziehenden Bruderstämmen gesprochen: Nach tausend und tausend Jahren wird einer von euch diesen Stab wiederfinden, und an ihm sollt ihr messen und regeln, was da verloren und verworren ist, und sollt gedenken, daß ihr eines Blutes seid und eines Geistes Kinder.*) Und also geschah es, und sie thaten, wie Gott Indra sie gewiesen. Nur zwei von den vielen thaten sich grollend beiseit, der eine war ein Schwabe, der andere ein Tscheche. Der Schwabe sagte: „Was? ich hab' meinen Stecken vom Hindukusch bis nach Gablenberg geschleppt und jetzt wollen ihn mir diese Pariser Sterngucker auf einer Berliner Hobelbank zu Schanden schnipfeln? Quod non; auf einen Bauernschuh mehr oder weniger kommt's bei uns nicht an; zuerst Freiheit, dann Einheit!" »Slava Gablagor!« sprach der Tscheche, „komm an Herz, Bruder meiniges! Raubvölker sind sie alle, sagt Vater Palazky, Tschechen allein sanftes Hirten- und Culturvolk; die böhmische loket ist das Maß der Dinge."

»Une chope!« hört man jetzt die bierdurstigen Pariser rufen, und le Zollverein ist dem französischen Zeitungsleser ein geläufiger Klang geworden. Hätten wir Deutschen vor achtzig Jahren mit der Intelligenz und Energie das metrische System in's Leben gerufen, wie es die Franzosen gethan und hätten für die neuen Maße gute handliche deutsche Namen gewählt, dann wären vielleicht längst schon Stab und Ruthe, Fuß und Zoll und Strich, Loth und Tonne, Schaff und Schoppen u. s. w. siegreich in die internationale Sprache Europa's vorgedrungen. Keines der genannten Wörter — und wir könnten das ganze System mit ähnlichen durchführen — wider-

---

*) Sanskrit mâ-mi ich messe, mâtram Maß; Zend miti Maß; Keilschrift â-ma, persisch âz-ma, erproben; griechisch metron Maß; lateinisch metiri messen; altslavisch mjera, litauisch mera Maß; keltisch (gällisch) mead Maß; gothisch mit-an messen, us-met Wandel, Verfassung (Regel). Führung.

strebte der romanischen, slavischen, niederdeutschen (nordischen und englischen) Zunge, wenn auch selbverständlich der Engländer und Franzose the Zoll und le Zoll nicht mit deutschem Z aussprechen würden. Aber die Deutschen hatten damals bekanntlich etwas anderes zu thun, und was später in Dutzenden von Münz- und Maß- und andern Commissionen geleistet wurde, blieb eitel Stück- und Pfuschwerk. Von der Bedeutsamkeit vollends des Worts, von deutschem Klang und deutscher Sprache ist ja ohnehin in jenen höheren Regionen keine Ahnung. Jetzt, wo uns die Sache auf den Leib rückt und auf die Nägel brennt, ziehen wir auf einmal wieder allzu spät mit den nationalen Empfindlichkeiten gegen die Worte zu Feld. Warum sind denn so viele französische Wörter deutschen Stammes: la guerre, la garde, la brèche, le maréchal, le boulevard, le gage, la danse, die Namen der Himmelsgegenden, so manche Ausdrücke der Schiffahrt und Jagd, Farben und Waffen, bedeutsame Begriffe wie garder, garantir, haïr, choisir und hundert andere? Doch wohl darum, weil in früheren Jahrhunderten germanische Stämme mit überlegener Kraft ihre Waffen und ihr bißchen Cultur in die romanische Welt hineinbrängten. Und der Sache folgte das Wort wie der Schatten dem Körper; später freilich wurden wir ein Schatten ohne Körper. Das französische estaffetto und étape stammt vom altdeutschen stapho Schritt, étaie vom deutschen stake, Stecken; heute haben wir umgekehrt Schritt und Stab von Paris zu entlehnen.

Warum denn? fragt man; können wir denn nicht die fremde Sache nehmen und das heimische Wort behalten? Nein, erwiedern wir, weil es unpraktisch wäre. Wenn wir noch wie die alte Zeit in Wort- und Namensformung naiv wären, so würden ganz gewiß die französischen Namen sich im Volksmund umbilden zu Wörtern wie Mühlmeter, Sandmeter, Kielmeter, Hechtliter u. s. w. Wir sind aber über das Naive hinaus zu einem gelehrt-nationalen, theilweise auch sentimentalen Sprachbewußtsein gekommen, und selbst der minder gebildete Mensch hält es für richtiger und würdiger, ein fremdes Wort nicht zu verstümmeln. Man hat auch das schon bedauert, wir wissen es wohl; man hat sich eben auf jene naive Umdeutschung der alt- und mitteldeutschen Zeit berufen, ja sogar auf die Willkür, mit der andere Völker, Franzosen und Engländer, mit fremdem Sprachgut verfahren; auch hier, sagt man uns, soll der Deutsche der Nachäffer des Auslands werden! Wir sind anderer Meinung. Der Deutsche soll deutsch sprechen, soweit ihm deutsche Formen zu Gebot stehen; er soll seinen Karl und Georg oder Görg und Jörg nicht an einen welschen Charles oder Georges wegwerfen, er braucht aber darum aus einem Jean Jacques Rousseau noch keinen Johann Jakob Rothkopf, aus Pierre Corneille und Jean Racine keinen Krähenpeter und Wurzelhans zu machen. Und wenn der Franzose Augsbourg und Munic spricht, so wäre es eine üble Rache von uns, statt Versailles und Orléans Fershall und Ohrenlang zu sagen. Das Lugdunum Batavorum und Lugdunum am Rhone schuf deutsche Zunge in Leyden um. Das erstere nennen wir jetzt noch so; es wäre aber süßliche Romantik und Affectation, wenn wir mit Heinrich Leo die Stadt Lyon auch wieder in ein Leyben umbauen wollten, und wir hätten höchstens den Vortheil, daß wir dann jedesmal beisetzen müßten, welches der beiden Leyden gemeint sei. Es wäre das eben so thöricht, als wenn wir, umgekehrt, geschichtlich festgestellte Formen der frühern Volkssprache, wie Mailand, Venedig, Kopenhagen, Paris, mit gelehrter Pedanterie in Milano, Kjöbenhavn u. s. w. umbißtellen.

Meter, sagen wir geradezu, ist ein deutsches Wort. Wir dürfen nur wollen, so vermögen auch wir noch Sprache zu schaffen. Versiegt und versagt allerdings ist uns jene unbewußte Kraft, welche einem Naturgesetz gleich, das griechische, römische, keltische p zu pf, ph und f, das t zu z umprägte, aus pentecoste, pondo, Petrosa ein Pfingsten, Pfund und Pfetterhausen, aus Tabernae und Turicum ein Zabern und Zürich schuf; widerstrebend unserem gebildeteren Sprachgefühl ist auch die spätere oft scherzhaft phantastische Willkür, welche aus Finis terrae ein Finsternstern, aus persisch-römisch-altdeutschem shachzabel (Schachbrett) ein Schafzagel carikirte, aus herba ligustica ein Liebstöckel wachsen ließ. Dagegen können wir uns sagen, daß der Meter ein uraltes sprachliches Gemeingut der arischen, d. h. der heutigen Culturvölker ist. Als mitan, mitath und met lebt der Stamm in unserer ältesten Bibel, und in dem ganzen niederdeutschen Sprachgebiet blüht er noch heute.. Im Altsächsischen heißt metan messen, gi-met das Maß, met-lic maßvoll, passend, unmet unmäßig, übermäßig; ja metod heißt der schaffende Gott und das waltende Schicksal. Daher englisch (neben dem romanischen measure und dem neueren Lehnwort metro) mete messen, mete-wand und mete-yard die Meßruthe, metor der Messer.

Also nehmen wir neben unserer ober- und hochdeutschen Form m e ß e n die niederdeutsche wieder herein, wie es der sprachgewaltige Luther hundertmal gethan. Seien wir doch nicht so faul und feig und thun wir doch endlich auch selbst etwas statt des ewigen Winselns von vergangener Herrlichkeit. Unser Meter wird ja auch schon deßwegen nicht der französische, weil wir ihn ganz anders aussprechen; wir haben ihn schon längst eingedeutscht. Auch wird es ganz gleichgiltig sein, ob wir der oder das Meter sagen; wir haben selbst reindeutsche Wörter genug, welche zwischen zwei, ja drei Geschlechtern schwanken. Der Süddeutsche legt d e n Butter auf d a s Teller, der Norddeutsche d i e Butter auf d e n Teller; was liegt daran? Die Hauptsache ist, daß es beiden gut schmeckt. Auch sachlich ist der Meter uns schon längst geläufig, und sogar dem gemeinen Mann durch den Barometer und Thermometer, welche hoffentlich nimmermehr den theils unrichtigen, theils plumpen Verdeutschungen Wetterglas und Wärmemesser weichen werden.

War es ein Zugeständniß an die Schwachheit des Fleisches, oder an die Bosheit des Geistes, daß die Commission den neuen Namen eine Anzahl deutscher Wörter an die Seite setzen zu müssen glaubte? Meter — Stab, Centimeter — Neuzoll, Millimeter — Strich, Liter — Kanne, halbes Liter — Schoppen, Hektoliter — Faß, halber Hektoliter — Scheffel, Dekagramm — Neuloth, ein halbes Kilogramm — Pfund, 50 Kilogramm — Centner, 1000 Kilogramme — Tonne. Zwar ist es kein übler Zufall, daß das neue Grundmaß, der Stab, schon bei Wulfila (Galater 4, 3. 9. Kolosser 2, 20) als stabs zur Uebersetzung von στοιχεῖον (Element, Atom, Molecül) dienen muß. Und auch das neue Wort für den Millimeter, der Strich, findet sich bei ihm als striks in einer einzigen Stelle (Matth. 5, 18), und zwar wiederum merkwürdigerweise in dem Sinne des allerkleinsten graphischen Zeichens, des κεραία, dessen was Luther mit „Tüttel," d. h. Punkt, übersetzt. Da Punkt ein Fremdwort ist, gerade wie auch die kleinen

Zeittheile, Secunden und Minuten, nach denen doch jeder Bauer rechnet, so kann die Schande nicht gar so arg sein, wenn in Zukunft ein deutscher Staatsbürger gelegentlich auch von Millimetern statt von Strichen spricht; und eine ähnliche Beruhigung steht ihm für den Dekameter in Aussicht, indem ja die „Kette" bekanntlich auch aus dem Lateinischen entlehnt ist. Neuloth, Neuzoll sind schwerfällige Bildungen und nur geeignet, immer wieder an das alte Loth, den alten Zoll zu erinnern, die Rechnung zu stören und die Aneignung des Systems zu hemmen. Stab, Faß, Kanne, Scheffel sind Ausdrücke, welche in den verschiedenen deutschen Gauen theils sehr verschiedene, theils gar keine Maße bezeichnen; für den Bauern aber das wichtigste aller Maße, die Grundlage seines Lebens und Denkens, das Flächenmaß, das er Morgen, Jauchert, Tagwerk u. s. w. nennt — dieses geht ohne deutsche Vertretung aus. Kurz, unsere Meinung ist, diese ganze oder vielmehr halbe Dolmetscherei wäre besser unterblieben und wir füllten künftig unsern neuen Most nicht in die alten Schläuche, sondern in Liter und Hektoliter.

National und International sind die beiden Pole, zwischen denen gegenwärtig das europäische Völkerleben spielt. Wie etwa in früheren Jahrhunderten die Kirche, so ist heute eine Reihe großer technischer Schöpfungen Gemeingut und Bindemittel geworden, Verkehr und Austausch der Individuen und Massen beschleunigt, erweitert und vertieft sich mit jedem Tag in einer Weise, wie sie die Geschichte bis jetzt nie gekannt hat. Warum sollten der neuen und äußeren Erscheinung nicht neue innere Processe entsprechen? Zu letzteren zählen wir eben die Bildung einer gewissen internationalen Ausdrucksweise für gemeinschaftliche und gemeinnothwendige nationale Besitzthümer. Wie sich aus den deutschen Mundarten ein akademisches Schrift- und Hochdeutsch gebildet hat, welches so, wie es ist, eigentlich keinem einzigen Deutschen angehört, in ähnlicher Weise, nur natürlich auf wenige bestimmte Begriffskreise beschränkt, entwickelt sich in unsern Tagen eine Art Hoch- und Schrifteuropäisch, welches, auf griechisch-römischem Wort- und Formenreichthum ruhend, die einzelnen Sprachen zum Verzicht zwingt und in welchem doch das gebildete Sprachbewußtsein ein ursprünglich gemeinschaftliches Eigenthum erkennt. Ein Stück dieses Hoch-Europäisch wird das neue metrische System sein.

Was unser deutsches Vaterland betrifft, so wird das neue System einstweilen ein Stück hochdeutscher Mathematik sein und wird, wie unser Hochdeutsch selbst, nur allmählich von den oberen nach den untersten Schichten bringen. Für die letzteren reichen aber auch die wenigen neuen Hauptmaße und ihre Namen vorläufig aus. Endlich sagen wir noch uns selbst und den reinsprachlichen oder sprachreinlichen Catonen, die da längst mit Stirnrunzeln diese Zeilen begleiten, zu Trost und Beruhigung, daß die Einführung des künstlichen Decimalsystems keineswegs der Verderb und Untergang aller bisherigen volkthümlichen Maße und Namen sein wird; dafür dürfen wir getrost das Volk und seine Stämme selbst sorgen lassen. Sie werden auch auf diesem Gebiete noch lange reden wie jedem der Mund geartet und der Schnabel gewachsen ist, aber sie werden auch, verständiger als die Schwärmer, unterscheiden lernen, wo die Mundart und wo die hochdeutsche Mathematik am Platz ist. Es handelt sich hier überhaupt um eine Sache, bei der wir jetzt Lebenden nicht allein mitzureden haben; wir dürfen nicht eigennützig nur an uns und unsere Amme, die Gewohnheit, denken, müssen gleichsam einen Anwalt und Sprecher aufstellen für die noch Unmündigen, für die Generation, die nach uns sein soll. Denken wir doch auch an jene Schaar der Unsterblichen, an das ABC=Schützencorps der Jugend, das eine Million stark jedes Jahr sich trappend und trampelnd in die Elementarschulen wälzt. Nach kurzer Frist werden sie in sicherem Decimaltact zur andern Thüre hinausmarschiren, um neuen Millionen Platz zu schaffen. Diese werden unsere Lehrer sein und für uns heißt es auch jetzt wieder: „Maul halten!" Mit Staunen werden sie dann erfahren, daß noch im Jahr 1868 das Regulativ für die preußischen Seminarien vom 1. October 1854 Geltung hatte, wornach den Seminaristen ein Unterricht in den „Verhältnissen, Decimal= zahlen und dem Wurzelausziehen" nur mit besonderer Erlaubniß des Provinzialschulcollegiums (also wohl in der Regel nicht) ertheilt werden durfte. Im Hinblick auf solche jammervolle Barbareien des Intelligenzstaats ist dann freilich zu wünschen, daß die nach uns auch außer dem Decimal= system noch einiges wissen, kennen und üben lernen, was unserem Jahrzehnt versagt ist.

Den Gegenpol, das Nationale betreffend, so haben wir nur noch zu unserer obigen Erzählung den Schluß nachzutragen. Als der Schwabe sich vom Böhmen also gelobt sah, da lächelte er und sprach: „In Anbetracht, daß laut C. L. W. Aldefeld's Buch „die Maße und Gewichte der deutschen Zollvereinsstaaten u. s. w. Stuttgart J. G. Cotta 1838," in der guten alten Zeit das alte gute Deutschland, Oesterreich gar nicht gerechnet, an verschiedenen Ellenmaßen allein ungefähr 120 Stück gezählt hat, und die etwa 10 verschiedenen „Brabanter Ellen" eingerechnet 130.... Können die Schwaben so hoch hinauf zählen? unterbrach ihn einer — oh, noch um eins weiter, Bruder Berliner, mit Luxemburg wärens 131 ...., in An= betracht ferner, daß mir nur noch die Wahl bleibt zwischen einem Berliner= stab und einem Stockböhmen und daß in einem französischen Meter mehr nationale Kraft und Einheit steckt, als in 130, beziehungsweise 131 Ellen, in Anbetracht dessen sei die berechtigte Eigenthümlichkeit auch dieses zähen Wanderknüttels auf den Altar des Vaterlandes gelegt. Der Welfenscepter ist jüngeres Holz und hat auch nicht bis an's Ende der Tage gebauert."

IV.

Stenotelegraphie.

Wort- oder Buchstabenzählung?

Es war der 31. Juli 1865, welcher uns von Europa's westlichster Station die Kunde brachte, daß die telegraphische Verbindung mit dem „großen Ostschiff" gebrochen, das große Kabel*) so gut wie verloren sei. Wir läugnen nicht, daß diese Botschaft damals einen niederschlagenden Eindruck auf uns machte. Hatten wir doch in aller Stille in die Hanf- und Kupferstränge jenes gewaltigen Fadens einige Betrachtungen allgemeinerer Art eingeflochten, Hoffnungen und Wünsche hineinverwebt, deren einstige Erfüllung uns fast noch höher zu stehen schien, als Baumwolle und Goldagio. „Fehlt leider nur das geistige Band," durfte man wohl sagen, den von der mercantilen Majorität auf jene schwanke Brücke gebauten Speculationen gegenüber und auf diese Seite der Sache, auf die geistige Wirkung einer so innigen Verbindung mit der jenseitigen Küste, glaubten wir damals hinweisen zu müssen. Wir hatten aber auch, im Angesicht des Unfalls, die zuversichtliche Hoffnung ausgesprochen, daß früher oder später das Unternehmen zum glücklichen Ziel gelangen werde.**) Die Hoffnung wurde erfüllt. Fast genau ein Jahr später war die Sache gethan und geglückt, zum dritten und letztenmal. Ob es gelingt, das flüchtige Glück an so leichtem Faden festzuhalten, ob nicht wiederum eine submarine Atropos den Strang entzwei schneidet, ist eine andere Frage. Es ist möglich, sehr möglich, es wird mit der Zeit selbst wahrscheinlich, sehr wahrscheinlich. Vielleicht während diese Tinte fließt, hat ein tückischer Zufall den Strom des elektrischen Fluidums zum Stocken gebracht. Der Versuch selbst aber, seit er das einemal so glänzend gelungen, wird nicht mehr aufgegeben werden, irgend einmal wird er zum bleibenden Gelingen führen. Sehr wenig stören uns dabei die scheinbare Gleichgiltigkeit, mit welcher das jenseitige Ufer die Ankunft des Kabels begrüßt, die Zweifel, mit denen dort das erste Arbeiten desselben an-

---

*) Man liest neuerdings vielfach der Kabel; Grimm gibt der und die Kabel. Stammwort ist das mittellateinische capulum, caplum, von capio gebildet. Von da ging das Wort in die germanischen und romanischen Sprachen über, theils männlich, theils weiblich. Für das Neutrum spricht die Grundform capulum und die Autorität des Erdumseglers Forster.

**) Allgem. Ztg. 1865. Nr. 214.

gesehen und das Kopfschütteln, mit welchem die Amerikaner auch jetzt noch dem unläugbar in jeder Hinsicht gelungenen Werke zuschauen. Erklärungs= gründe für diesen von der früheren Begeisterung so scharf abstechenden Empfang sind mehrere aufgeführt worden. Die hauptsächlichsten sind, unsers Erachtens, die Eifersucht gegen England und die fast unerschwinglichen Tarif= sätze für die atlantische Drathpost. Im Zusammenhang mit dem unsinnig hohen Tarif steht die Dürftigkeit der Nachrichten, wie sie wenigstens im ersten Anfang zu beklagen war. Die Amerikaner sind ganz andere Leistungen vom Telegraphen gewohnt als wir in Europa, und wir sind beinahe mit einem New=Yorker Correspondenten der Weser=Zeitung einverstanden, daß die Zeit nicht allzu fern ist, wo in Amerika die Briefpost ganz aufhören wird als Vermittlung für Zeitungsnachrichten zu dienen.

Keiner der oben genannten Uebelstände ist übrigens derart, daß er nicht der Zeit und den Umständen weichen müßte, und da seiner Zeit Post= und Landstraßen und Eisenbahnen dem Mißtrauen, Spott und Uebelwollen der Menschheit begegnet sind, so ist es nicht anders als billig, daß diese erfreu= liche Erscheinung sich beim Eintritt in eine neue, über alle Erwartung groß= artige Entwicklung des telegraphischen Systems wiederholt. Denn es ist eine alte Erfahrung, daß die Menschheit jede große Erscheinung zunächst und zu allererst als Beleidigung gegen sich und ihre Durchschnittsweisheit aufnimmt. Uns selbst hat die Arbeitseröffnung des atlantischen Kabels zunächst zu einer Art philologischer Betrachtung angeregt.

Die englischen Blätter haben uns neulich erzählt, daß die Beförderung der preußischen Thronrede durch das Riesentau 900 Pf. St., etwa 6200 Thlr. oder 10,800 fl. gekostet habe. Ob mit dieser Summe die Strecke von Berlin bis Valentia und von Neufundland bis New=York eingerechnet ist, bleibt unbekannt; weitaus der größte Theil der Summe steht jedenfalls auf dem submarinen Conto und wir können auf diesen den Betrag von 6000 Thlrn. als runde Summe eintragen. Welche Art der Beförderung ist theurer, die welche sich für je 100 Buchstaben 20 Pf. St. zahlen läßt? oder die, welche nach continentaler Rechnung für 20 Worte als einfache Depesche den gleichen (denn so müssen wir natürlich vorläufig annehmen) Betrag fordert?

Die Beantwortung dieser Frage verlangt selbstverständlich eine Zählung. Wir haben gezählt; wir haben den englischen Text der preußischen Thron= rede in dieser etwas ungewöhnlichen Weise behandelt und wir dürfen ohne Majestätsbeleidigung aussprechen, daß die Rede sehr langweilig war. Sie zählte 744 englische Worte und — ungefähr — 3572 Buchstaben oder Lettern (hier und im folgenden ist ch immer als einheitlicher Buchstabe gerechnet). Beide Zahlen durch 20 dividirt, so findet man, daß, nach Worten gezählt, die ganze Rede 37 einfache Depeschen à 20 Worte nebst 4 Worten darüber, sagen wir 38 einfache Depeschen enthält, nach Buchstaben gezählt aber 35 einfache Depeschen à 100 Buchstaben und 72 Lettern darüber, sagen wir 36 einfache Depeschen. Daraus ergibt sich für die Beförderung nach Worten ein Porto von 760 Pf. St., nach Buchstaben von 720 Pf. St., 180 Pf. St. weniger als die obige Angabe der Zeitungen lautete.

Wir sind nun aber für die gegebenen Zahlen wie für die nachfolgenden dem Leser das Geständniß schuldig, daß wir denselben nicht den Werth ab= soluter Richtigkeit beilegen. Auch die peinlichste Vorsicht schützt bei solchen trübseligen Untersuchungen nicht vor Fehlern und wenn wir für die Zahl der 744 Worte etwa noch einstehen wollten, so können wir das nicht für die Zahl der Buchstaben, da wir letztere nur aus der Zahl der Zeilen (94) und einer durchschnittlichen Buchstabenzahl der einzelnen Zeile (38) gewonnen haben. Lassen wir aber auch sogar eine Schwankung von 20 Worten zu viel oder zu wenig, also von 40 Worten oder von 200 Buchstaben zu viel oder zu wenig, also von 400 Buchstaben zu, so wird das Verhältniß der beiden Portosätze im großen und ganzen nicht zu stark verändert. Gesetzt selbst es seien 20 Worte zu viel und 200 Buchstaben zu wenig gerechnet, so kostet die Wortdepesche 740 Pf. St., die Buchstabendepesche 760 Pf. St., das heißt, auch dann noch ergibt sich eine Differenz, welche sich wohl die meisten Leser viel bedeutender zu Ungunsten der Buchstabenzählung vorgestellt hätten.

Wir haben aber jene Thronrede noch in einigen andern uns gerade zugänglichen Texten gelesen und haben folgendes gefunden:

Das Original, der deutsche Text, hat 601 Worte mit etwa 3300 Buchstaben, der schwedische 509 Worte mit etwa 3060 Buchstaben, der italienische 653 Worte mit etwa 3600 Buchstaben, der spanische 713 Worte mit 3440 Buchstaben, der französische 719 Worte mit 3456 Buchstaben, der englische 744 Worte mit 3572 Buchstaben. Mehrerlei folgt aus dieser Reihe:

Zum ersten eine Bestätigung dessen, was jeder Uebersetzer weiß — daß die Uebersetzung gewöhnlich mehr Worte erfordert, als das Original besitzt. Die starke Abweichung im Schwedischen wird demjenigen nicht auffallen, der gewisse Eigenthümlichkeiten dieser Sprache im Gebrauch des Artikels, in Declination und Conjugation kennt.

Zum zweiten: daß im Deutschen und Italienischen das Wort durchschnittlich 5,5, im Schwedischen 6, im Spanischen, Französischen und Englischen durchschnittlich 4,8 Buchstaben zählt. Es ergibt sich also, daß die Hauptsprachen des westlichen Europa ungefähr den gleichen Buchstabenaufwand für ein Wort machen, das Deutsche, Schwedische und Italienische einen etwas größeren. Indessen sind wir geneigt, diesem Verhältniß zu mißtrauen. Ist es aber richtig, so ergäbe sich, daß spanische, französische und englische Depeschen bei der Buchstabenzählung besser fahren, als bei der Wortzählung, deutsche, schwedische und italienische umgekehrt; denn 20 Worte würden in den erstgenannten Sprachen nur 96 Buchstaben erfordern, im Deutschen und Italienischen aber 110 Buchstaben, im Schwedischen 120, also mehr als die einfache transatlantische Depesche zuläßt. Doch, wie gesagt, diese Verhältnisse würden noch eine genaue Untersuchung erheischen.

Beschränken wir uns auf die deutsche Sprache. Wir fanden oben, daß, wohlgemerkt, in zusammenhängender Rede das deutsche Wort durchschnittlich 5,5 Buchstaben erfordert. Sonstige Untersuchungen, die wir angestellt, haben uns die Durchschnittszahl 5,9 ergeben; wir können also mit einiger Sicherheit annehmen, daß in deutscher Rede auf das Wort durchschnittlich 5½ bis 6 Buchstaben kommen. Wer nun, wie wir es ebenfalls gethan, eine Reihe von Telegrammen, sowie sie vom telegraphischen Bureau kommen, in gleicher Weise nach Worten und Buchstaben zählt, der wird finden, daß auf das Wort nicht 5 oder 6, sondern 8 und 9 und 10 Buchstaben durchschnittlich kommen, daß also die Buchstabenzählung sich gegenüber der Wortzählung viel ungünstiger für den Zahlenden stellt, als wir bisher angenommen. Wie kommt das? — Ganz natürlich. Die Telegramme enthalten erstens viele Orts- und Personennamen und zweitens sucht sich der Telegraphirende möglichst kurz zu fassen (daher das zarte Geschlecht gewöhnlich mehr zahlen muß); er vermeidet daher möglichst die vielen kleinen Verbindungswörter, den Artikel, das und, die meist kurzen Conjunctionen und Präpositionen, die Hilfszeitwörter ist, hat u. s. w.; er wird dagegen fruchtbar in Participialformen, äußerst sinnreich in Erfindung von oft un-sagbaren Zusammensetzungen, und bildet wahrhaft aristophanische Wort-ungethüme, nicht sowohl aus dichterischem Drang, als um dem Vaterland einige Groschen für eine überzählige Depesche abzujagen. Artikel 9 des Pariser Telegraphenvertrags (d. d. 17. Mai 1865) schreibt übrigens vor: „Depeschen in gewöhnlicher (nicht chiffrirter) Sprache dürfen weder unge-bräuchliche Zusammenziehungen von Wörtern noch ungebräuchliche Wort-bildungen oder Abkürzungen enthalten." Freilich, wer Telegramme von Amtswegen zu lesen und aus der Drathschrift in Druckschrift, in ein nettes rundes, einem gesammten verehrlichen Publikum verständliches Deutsch zu übertragen hat, der weiß davon zu erzählen, welche Mißstände jene Wort-kargheit mit sich führen kann.

Es wäre sicherlich wünschenswerth, wenn dieser Noth abgeholfen werden könnte, natürlich wo möglich ohne Benachtheiligung aller betheiligten Parteien. Der Anfang einer Besserung scheint uns nun in der beim atlantischen Kabel eingeführten Buchstabenzählung zu liegen. Sie scheint, sie ist vielleicht in Wirklichkeit zunächst nichts anderes als eine Speculation der transatlantischen Kabelgesellschaft; versuchen wir, ob wir dieses böse Princip angelsächsischer Geldspeculation nicht kraft deutscher Speculation in ein gutes und innerlich berechtigtes Princip umzuwandeln vermögen.

Das jetzt gebräuchliche telegraphische Alphabet besteht aus 54 Zeichen, welche durch Punkte und Striche in verschiedener Zahl und Folge dargestellt werden. Wenn wir die Punkte und Striche Elemente nennen, und jene durch p, diese durch s bezeichnen, so wird z. B. t dargestellt durch s, das i durch pp, das r durch psp, das z durch sspp. Das ganze Buchstaben-alphabet zählt 33 Zeichen, indem zu den 26 Zeichen des landläufigen deutschen ABC noch hinzutreten das ä, ö, ü, ch; ferner das französische é, das schwedische å und das spanische ñ. Von diesen 31 Zeichen werden zwei durch ein Element, vier durch zwei Elemente, acht durch drei Elemente, sechszehn durch vier Elemente dargestellt. Das é, å und ñ haben je fünf Elemente. Die Ziffern 1 bis 9 und die Null zählen je fünf, die Inter-punctions- und einige andere Zeichen je sechs Elemente. Die eigentlichen Buchstaben zerfallen also in vier Classen von je einem, zwei, drei und vier Elementen.

Jedermann begreift, daß man bei Anlegung dieses Drath-Alphabets die am häufigsten auftretenden Buchstaben mit den wenigsten Elementen darzustellen gesucht hat, und daß umgekehrt die selteneren Buchstaben in die vierte Classe gestellt wurden; und wenn nicht Jedermann, so ist doch vielleicht mancher Mann begierig, zu erfahren, in welcher Reihefolge unter diesem Gesichtspunkte die Buchstaben auftreten. Sie ist folgende: In die erste Classe fallen e und t; in die zweite a, i, m, n; in die dritte d, g, k, o, r, s, u, w; in die vierte ä, b, c, ch, f, h, j, l, ö, p, q, ü, v, x, y, z.

Wir haben nicht erfahren können, wer der moderne Kadmus ist der dieses Alphabet gebaut hat. Da es indessen ein internationales ist, so vermuthen wir, daß seine Anordnung auf einer Durchschnittsberechnung der Hauptsprachen, etwa des Deutschen, Englischen und Französischen, beruht. Ein specifisch deutsches Alphabet bietet jedenfalls nicht ganz dieselbe Reihenfolge. Denn nach unsern eigenen, wie wir glauben, sehr sorgfältig, methodisch und umfassend angestellten Zählungen folgen sich die deutschen Buchstaben nach der Häufigkeit ihres Vorkommens (natürlich in zusammenhängender Rede) also:

e, n; i, s, t, a; d, r, u, g, l, ch, o, m; h, w, b, z, k, f, p, ü, v, ä, c, j, ö, q, x, y.

Die Buchstaben n, t, m, s, k, o, w, ch also fallen bei uns in andere Classen.

Genauer angegeben, kommen auf 1000 Buchstaben in deutscher Rede:

192 e	34 l	9 p
119 n	31 ch	8 ü
73 i	24 o	8 v
65 s	24 m	5 ä
60 t	23 h	4 c
60 a	20 w	4 j
54 d	17 b	4 ö
54 r	16 z	2 q
40 u	14 k	0 x
35 g	13 f	0 y

Wenn die Summe dieser Zahlen etwas über 1000 beträgt, so ist das eben einer jener oben bezeichneten unvermeidlichen kleinen Zählungsfehler, welchen wir uns wohl gehütet haben, zu verstecken. Leider aber stecken in dieser Tabelle noch ganz andere Fehler, an denen jedoch nicht wir schuld sind, sondern der Zustand unserer deutschen Recht- oder Schlechtschreibung, die Widersprüche zwischen den Buchstaben unserer Schrift und den Lauten unserer Sprache. Indessen enthalten wir uns hier jeder allgemeinen Erörterung der einschlagenden Fragen, und behandeln die Sache rein vom praktischen Standpunkt des telegraphischen Verkehrs. Wir fragten einmal an einem telegraphischen Bureau: ob denn wirklich alle die Worte und Zeichen, welche mit dem Blaustift geschrieben, der Bote uns als Telegramm in's Haus bringe, ob das Alles denn wirklich und wörtlich von der Station a nach der Station b telegraphirt werde? — Der Priester des Blitztempels betrachtete uns mit imponirender Verwunderung, und erwiederte: Das versteht sich doch; der Blaustift der Station b gibt genau und buchstäblich wieder, was der telegraphische Stift der Station a dictirt. — So, nur mit etwas anderen Worten, sprach der Bote des blitzesendenden Zeus. Da sokratische Dialoge an Postschaltern und ähnlichen Vorrichtungen einem friedlichen Unterthanen nicht immer zu empfehlen, so gingen wir. Wußten wir ja doch schon aus dem einen, daß der Beamte uns falsch berichtet hatte. Denn die großen Anfangsbuchstaben werden nicht vom Telegraphen dictirt und doch vom Blaustift geschrieben. Im Uebrigen mochte der Mann Recht haben und das ist noch schlimmer. Denn das ganze System der telegraphischen Orthographie steht in einem traurigen Mißverhältniß zu den unermeßlichen Diensten, welche Physik und Chemie im telegraphiſchen Verkehr leiſten. Die Naturwiſſenſchaften haben auf dieſem Gebiet in geflügeltem Fortſchritt alle Hinderniſſe überſchritten, und das niemals Glaubliche binnen einigen Jahrzehnten zu Thatſachen gemacht; die tele= graphiſche Philologie — wenn der Ausdruck in ſo beſchränktem Sinn gelten darf — hat kaum einen Schritt gethan, ſie ſteht noch mitten in jener Zeit, wo das Marktſchiff ſich den Rhein hinabtreiben ließ, wo die Poſtkutſche acht oder vierzehn Tage lang zwiſchen Augsburg und Frankfurt humpelte.

Und doch lag die Aufforderung zu möglichſter graphiſcher Kürze ſo nahe. Denn leicht läßt ſich aus unſern obigen Angaben ermitteln, daß für Herſtellung eines Telegramms von tauſend Buchſtaben im Durchſchnitt 2444 Elemente (Punkte und Striche) erforderlich ſind, die Interpunctions= und ſonſtigen Zeichen nicht eingerechnet.

Einen Schritt, wie geſagt, hat man gethan: man hat die Initialen aufgehoben. Der Unſinn wäre auch gar zu ſtark geweſen einer deutſchen Grille zulieb den Drath mit 30 weiteren Zeichen zu belaſten. Warum uns dennoch die deutſchen Subſtantive mit großen Anfangsbuchſtaben vom Tele= graphenamt zukommen, wiſſen wir nicht; es ſcheint eine Conceſſion des Staats an den beſchränkten Unterthanenverſtand. Warum aber gibt ſich der deutſche Telegraph die Mühe, das langweilig gähnende h als Zeichen der Dehnung zu ſchreiben? Ebenſo die aa und ee und ie und oo? Der Satz: „es iſt nicht war, daß die ware ſchlecht war,“ iſt doch verſtändlich genug.

Unter den in der obigen Tabelle genannten 23 h ſind nicht weniger als 8 müßige Dehnungszeichen, nebſt 2 ebenſo müßigen th; unter jenen 192 e befinden ſich etwa 25 ee und ie. Warum denn Muth, während wir doch Gut und Blut ſchreiben? Warum Thau und Tau, Thon und Ton, während wir doch Thor ſchreiben, es mag le fou oder la porte bedeuten? Warum nicht einfach tau, tor?

Telegraphiſch ganz überflüſſig iſt ferner das fremde ph und y. Tele= graf, Filoſofi, Teoſofi und Hipoteſe würden vollkommen genügen. Die italieniſche Schrift hat bekanntlich dieſe Fremdlinge längſt entfernt.

Das j könnte häufig von dem einfacheren i erſetzt werden, und blanker Unſinn iſt das tz. Das Wort jetzt könnte recht gut ſtatt mit 13 Elemen= ten, mit deren 8, ja ſogar mit 7 geſchrieben werden.

Sehr häufig erſpart werden könnten die Umlaute ü und äu. „Das Bild iſt nicht enlich,“ ſcheint deutlich genug und erſpart 7 Elemente; ſchreiben wir ja doch auch Eltern ſtatt Aeltern. Wir ſchreiben ferner jetzt ſchon greulich ſo gut wie gräulich, nemlich und nämlich u. ſ. w.

Das ſo ſehr ſeltene fremde x könnte der deutſche Telegraph ganz ent= behren und vom deutſchen Standpunkt aus möchte man vorſchlagen, an ſeine Stelle das ſch (welches unter den oben gezählten 65 s dreizehnmal erſcheint) zu ſetzen, und das x in die ſechſte Claſſe (mit 6 Elementen) zu verbannen.

Unnöthig iſt das ck, welches ſich in den 14 k der Tabelle viermal vorfindet. Unnöthig überhaupt das fremde c und ch, welche durch z und k erſetzt werden (Karakter, Zentner ꝛc.)

Ein Schmarotzerbuchſtabe iſt eigentlich auch das v, welches ſich allmäh= lich an die Stelle des deutſchen f gedrängt hat, und ebenſo könnte das qu durch kw erſetzt werden; jedenfalls genügt es q zu ſchreiben, wie das Gothiſche thut. Im Franzöſiſchen und in andern Sprachen ſpielen freilich c, ch, v, q, x eine wichtigere Rolle.

Das ſs kann weitaus in den meiſten Fällen durch ein einfaches s gegeben werden.

Endlich könnten, wie das ck, d. h. doppeltes k, auch andere Ver-
doppelungen im Zuſammenhang der Rede ſchwinden. „Di feindliche flote
verlor vir ſchife," iſt klar genug; „algemein, wolgeſint, willkomen" u. ſ. w.
laſſen an Deutlichkeit nichts zu wünſchen übrig.

Nun aber auch vorausgeſetzt, es würden all dieſe phonetiſchen und
graphiſchen Revolutionen durchgeführt, ſo ergäbe das auf 1000 Buchſtaben
noch nicht einmal eine Erſparniß von 100, ſondern nur etwa von 50 bis
60 Schriftzeichen, alſo etwa die Hälfte der einfachen Depeſche. Indeſſen
verachtet der Geſchäftsmann — und das ſind doch die Mehrzahl der Tele-
graphirenden — auch ſonſt einen Gewinn von 5 Procent nicht, und wenn
er zu dieſen fünfen noch 20 oder 25 zuſchlagen könnte, ſo wäre es immer
der Mühe werth. Und er kann es, ſobald er und ſein Adreſſat ſeinen ge-
ſunden Menſchenverſtand und einige Phantaſie in Anſpruch nehmen will.

Nehmen wir wiederum von der preußiſchen Thronrede die erſten Sätze
und telegraphiren ſie wie folgt:

erlauchte edl u lib hern v beid häuſrn landtags. indm i b vrtrtg
lands um m vſamlt ſeh, drängt m mein gfül, vor alm auch v bifr ſtele
mein u meins volks dank f gots gnab ausʒſprchn, wlche preuſn geholfn h,
untr ſchwer abr rfolgreich opfrn nicht nur b gfarn feindlr angrife v uns
grenʒn abʒwndn, ſond i raſchm figlauf ds vatrlbſch hers dm ererbtn rum
neue lorbr hinʒfügn u br national twillg beutſchlbs b ban ʒ. ebnn.

Hier ſind 455 Buchſtaben in 80 Worten des Originals mit 321 Buchſtaben in 78 Worten ausgedrückt, d. h. es ſind 137 Buchſtaben, oder faſt
genau 30 Procent erſpart. Das einzelne Wort iſt auf durchſchnittlich nicht
ganz vier Buchſtaben (genau auf 3,9) zuſammengepreßt und auf dieſe Weiſe
geſchrieben, hätte alſo die preußiſche Thronrede, ſtatt um die angeblichen
900, um 630 Pfd. St. über den Ocean kommen können — eine Erſparniß
von 3240 fl., welche kein Geſchäftsmann verachten möchte. Würde es ſich
in dem obigen Stenotelegramm nicht um den ganz genauen Wortlaut han-
deln, ſo könnte man ſogar noch etwa weitere 12 Worte mit etwa 16 Buchſtaben ſtreichen und hätte immer noch den beinahe genauen Wortlaut vor
ſich. Das aber wird hoffentlich Niemand behaupten wollen: unſer Telegramm laſſe ſich nicht leſen. Freilich, es kommt eben auch, ſo gut wie bei
jedem vollſtändigen Druck, auf den Leſer an; jedoch iſt gerade hier zu bedenken, daß die große Mehrheit des telegraphiſchen Verkehrs, die politiſchen
die commerciellen, die geſchäftlichen Mittheilungen zwiſchen Leuten ſtattfinden,
welche eigentlich immer ſchon zum Voraus wiſſen, um was es ſich im gegebenen Augenblick handelt, und dieſe werden unter Umſtänden noch viel
kühnere Kürzungen wagen dürfen.*) Jedes Telegramm iſt eine Stylübung
im lakoniſchen Dialekt. Die jetzt gebräuchlichen ſparen die Worte und zer-

---

*) Nach einer uns vorliegenden Tabelle vertheilen ſich im Jahr 1863 die faſt
eine Million betragenden Depeſchen des deutſch-öſterreichiſchen Telegraphenvereins nach
Procenten alſo: Staatsdepeſchen 14,8; Dienſtdepeſchen 5,3; Börſennachrichten 6,8;
Handels- und Geſchäftsdepeſchen 40,8; Zeitungsnachrichten 1,2; Familienangelegen-
heiten 12,5; Verſchiedenen Inhalts 18,6 Procent.

stören daher den syntaktischen Bau der Rede. Wir schlagen vor, diesen Bau möglichst zu schonen, aber mit leichterem Material zu bauen.

Das Gesagte genügt für einen ersten Vorschlag. Wie der Herr des Telegraphen, der Staat, sich dazu stellen wird, wissen wir nicht. Einstweilen ist unseres Erachtens der Art. 9 des Pariser Telegraphenvertrags, wornach „Depeschen in gewöhnlicher Sprache weder ungebräuchliche Zusammenziehung von Wörtern noch ungebräuchliche Wortbildungen oder Abkürzungen enthalten dürfen," die absolute Verneinung unseres Systems. Allgemein betrachtet, ist dieser Paragraph ein Erbstück und gut gewählter Vertreter der alten bureaukratischen Topfguckerei, ist ein Eingriff in die geistige Produktion und ist ein Thema, das sich ganz vortrefflich für eine satirische Ausführung eignen würde.

Der materielle Gewinn unserer Buchstabenzählung läßt sich in verschiedenen Formeln ausdrücken; wir wählen folgende. Wenn nach jetzigem System der Staat 20 Worte, d. h. thatsächlich nach unsern obigen Berechnungen etwa 110 im günstigsten, meist wohl 130 bis 150 Buchstaben, als einfache Depesche gelten läßt, und wenn man ihm künftig diese Depesche mit 70 bis 100 Zeichen in's Haus liefert, so wäre es eine billige Gegenleistung den Preis für die einfache Depesche um 20 oder 25 Procent herabzusetzen, oder, was dasselbe ist, für die einfache Depesche künftig etwa 25 Worte oder 125 Buchstaben gelten zu lassen. Je geringer die Belastung, desto niederer der Brückenzoll; übertrage man diesen Grundsatz des alten Verkehrs auf die neuen schwanken Zauberbrücken, darauf die Leiden und Freuden des Einzelnen wie die Geschicke der Welt von einem Ende der Erde zum andern fliegen. Daß jede Erleichterung des Verkehrs eine Steigerung desselben wird, ist ohnedieß bekannt.

Zum Schlusse wollen wir nur noch die Möglichkeit andeuten, daß diese Durchführung eines einfacheren Zeichensystems auf e i n e m Gebiet sogar der Anfang werden könnte zur endlichen Umwandlung der Orthographie überhaupt — eine Umwandlung, welche bekanntlich nicht nur in Deutschland, sondern sogar in England und Frankreich schon längst angestrebt wird.

V.

Zur deutschen Schlecht- und Rechtschreibung.

Unter anderen Fragen dieser schwerbedrängten, an Fragezeichen so reichen Zeit regt sich neuerdings die orthographische wieder. Zwar fehlen auch hier nicht die sanftmüthigen diplomatischen Köche, welche mit weißen Zipfelkappen und Schürzen um den gährenden Kessel herumstehen und mit den langen dürren Rührlöffeln der Tradition die unruhigen Aale auf die Köpfe klopfen und sprechen: um's Himmels willen, seid ruhig, Kinder, ihr werdet ja nur gesotten. Aber der Aal taucht immer wieder auf und fragt wie er geschrieben werde. Endlich sagt ihm einer: die kleinen werden mit einem **a**, die großen mit zwei und die ganz großen mit drei **a** geschrieben. Wenn's so ist, sagt er, will ich gerne sterben, denn jetzt ist doch einmal Vernunft und Consequenz in der Sache.

Daß gerade jetzt wiederholt und mit steigendem Nachdruck die unangenehme und schwierige Frage sich von neuem vorzubringen beginnt, das hat seinen besondern Grund. Erst kürzlich las man, daß A. F. Dibots Werk, Observations sur l'orthographe ou orthografie français u. s. w. in Paris seine zweite Auflage gefeiert habe. Aus England hört man immer wieder neue Stimmen den Reformruf erheben, und selbst in Rußland ist die Frage auf die Tagesordnung gestellt: ob man nicht vom national-russischen zum internationalen europäischen, d. h. zum lateinischen Alphabet übergehen solle.

In der That, eine Zeit, welche in Maß und Gewicht, in Gold und Silber Gemeinschaft und Einheit sucht und schafft, welche sogar in einer Schriftart sie schon geschaffen hat, nämlich im telegraphischen Alphabet (von der arabischen Ziffern- und der musikalischen Notenschrift nicht zu reden), dieser muß die Vereinfachung und gegenseitige Annäherung auch in der gewöhnlichen Zeichenschrift nur als Consequenz und immer bringender als solche, erscheinen. Dieses, das internationale Gefühl, ist unseres Erachtens die neue Kraft, welche, mehr oder minder bewußt, zu neuer Arbeit auf orthographischem Gebiete drängt. Hier soll zunächst vor unserer Thüre gekehrt werden.

Warum ist, trotz gereifter theoretischer Erkenntniß, trotz der beschämenden Selbstbekenntnisse, trotz gutgemeinter Bestrebungen und Versuche, privater und amtlicher, trotz vieler und vielfach trefflicher Schriften, die

Sache der deutschen Rechtschreibung beim Alten geblieben bis auf diesen Tag?

Ich glaube: zumeist beßwegen, weil man, echt deutsch, die Sache von Anfang an zu systematisch, wissenschaftlich, zu ideal und radical anfaßte, statt real und gemein praktisch. Eigentlich hat Jakob Grimm jene Richtung angegeben. Ihm, dem Schöpfer der historischen Grammatik, mußte sich der Widerspruch moderner Unformen mit den geschichtlichen Urformen von selbst aufdrängen, und er, „dem es immer mehr um die Sachen, als um die Worte zu thun war," mußte den Drang fühlen, auch hier praktisch, thatsächlich gegen den Unfug einzuschreiten, mit eigenem Beispiel voranzugehen. Daß aber die Sache nicht so einfach, daß ein Unterschied ist zwischen theoretischer Erkenntniß und wirklicher Anwendung, das zeigt sich am besten an J. Grimm selbst, der in der langen Reihe seiner Werke nichts weniger als consequente Schreibung übt.*) Und doch liegt, bis zu einem gewissen Punkt die Sache einfach, liegt eine bestimmte Zahl von Reformparagraphen bereit, die man nur aufzunehmen und anzuwenden braucht.

Betrachten wir einmal das H. Diese sanfteste aller alphabetischen Creaturen lebte, wie Tell vor dem Apfelschuß, still und harmlos, half den Verliebten ihre Hoffnungsseufzer in die Lüfte hauchen, half ihnen heirathen, und wenn die Partie eine verfehlte war, so gähnte sie mit den Gähnenden und heulte mit den Heulenden. Mittlerweile aber wurde sie alt und langweilig und sah sich selbst nach einer passenden Versorgung um. Ein biederer Zahnlaut war es, den sie sich zum Schlachtopfer erkor. Derselbige war als blutjunger Bursche, ein weichmauliges D, etliche hundert Jahre lang mit den Gothen am Aral und Ural herumgezogen, war dann mit seinen Genossen an die Donau gelangt und half dort dem Bischof Wulfila die Bibel übersetzen. Von seinen nächsten Schicksalen verlautet nichts Näheres; wenn wir aber eine Andeutung des Meister Grimm recht verstehen, so hat sich unter dem ewigen Herumziehen zwischen dem goldenen Horn und den Säulen des Hercules, in der scharfen Luft der hercynischen Wälder, bei seltenem Unterschlauf unter Dach und Fach und jahrhundertlangem Herumbeißen und Schädeleinschlagen zwischen Griechen, Römern und Germanen die weiche asiatische Natur verloren und zu einem herzhaften t verhärtet. Aehnliches ist schon manchem jungen Blut in den Stürmen des Kriegslebens begegnet und auch das ist schon manchem abgewetterten Kriegsmann geschehen, daß er noch in seinen alten Tagen sich von den heuchlerischen Seufzern einer zarten Natur in die Ehe hineinblasen ließ. Unser h erkannte in dem soliden T so recht einen Stecken und Stab für ihr Alter, und also geschah es, daß wir nun ein th in scheinbar unauflöslicher Verkettung in unserem Alphabet haben, die unnöthigste und abgeschmackteste Verbindung, die sich denken läßt.

Wir schreiben Tag und Thal, Tod und Thor, Teig und Theil, Tugend und thun, turnen und Thurm, tief und Thier, Tücke und Thüre, Thräne und tränke — alles ohne irgend vernünftigen Grund. Aber ich muß doch Ton und Thon, Thau und Tau unterscheiden? Gewiß, sage ich, mußt du das unterscheiden; gewiß wäre es ein Irrthum, wenn Jemand wähnte: jeder geschickte Töpfer sei ein Tonkünstler wie Mozart und Beethoven, oder

---

*) Worüber zu vergleichen K. G. Andresen, Ueber J. Grimms Orthographie. Göttingen 1867, und G. Michaelis, Ueber J. Grimms Rechtschreibung. Berlin 1868.

der Thau des Feldes werde von dem allmächtigen Schöpfer aus Hanf ge-
dreht. Auf welchen Grad von Verstandesbildung speculiren denn aber die
Gelehrten, welche solche Verwechslungen durch äußere Hilfsmittel vermeiden
zu müssen glauben? Es streift doch schon stark an Unzurechnungsfähigkeit in
einem gegebenen Zusammenhang den mineralischen Thon und den akustischen
oder chromatischen Ton zu verwechseln, den Thau, der etwa auf dem Schiffe
liegt, als Schiffstau mißzuverstehen. — Ja, sagt man, im Zusammenhang
freilich nicht, aber wenn dieser fehlt? was soll der Schüler, das Kind, unter
dem geschriebenen Worte „Tau" sich denken? einen atmosphärischen Nieder-
schlag oder ein Hanfseil? — Das Kind? der Schüler? Sprecht doch nicht
so heuchlerisch, sagt doch ehrlich: wie sollen wir das unterscheiden? Freilich,
freilich; und was soll denn „ein Thor" auf französisch heißen? une porte
oder un fou? Und „die Winde?" les rents oder la tournette oder le liseron? .
Und sind 1000 Franken ein Sack voll Geld oder eine Schaar Krieger? ist
der Schimmel ein vierfüßiges Thier oder eine Schmarotzerpflanze? heilt das
Pulver den Kranken oder schießt es den Gesunden todt? ist populus eine
Pappel oder ein Volk?*) ist fine lateinisch oder französisch, oder italienisch
oder englisch? und wenn das letztere, heißt es zu deutsch fein oder schmücken,
oder Geldbuße oder strafen? Ist der Atlas der titanische Sohn des Uranos,
oder ein Gebirg in Algerien, oder eine Art Seidenstoff, oder ein Rücken-
wirbel oder eine Landkartensammlung? Und sollen wir noch 1000 andere
Beispiele vorführen, um eine abgeschmackte Einbildung zu verspotten?

„Im Zusammenhang!" Gibt es denn überhaupt in der objectiven Welt
der Erscheinungen und in der subjectiven Welt der Erkenntniß irgend etwas
das ohne Zusammenhang einen Sinn und Verstand hätte? und wer anders
stellt denn diesen Zusammenhang her, als der menschliche Geist? „Sie haben
die Theile in der Hand, fehlt leider nur das geistige Band." Eben weil
es letzteres hat, erkennt das sechsjährige Kind, ob das Schriftbild „der
Schimmel" ein Pferd oder eine Pflanze bedeutet, erkennt der achtjährige
Knabe, ob amari Infinitivus Präsentis Passivi von amo ich liebe, oder ob
es Genitivus Singularis von amarus bitter, der zehnjährige, ob τύπτουσι
3. Person Plur. oder Dativ des Particips ist. Schämt euch, ihr Alten —
schämt euch vor euren Kindern!

Merkwürdig! dem strengen Gesetze der Lautverschiebung gemäß hätte
sich die anlautende gothische Tenuis t im Althochdeutschen als Aspirate, als
th darstellen sollen, nämlich als ächtes th mit hörbarem Hauchlaut. Mit
nichten geschah das, sondern die oberdeutsche Zunge sprang von der Tenuis
zum Spiranten um, und wandelte gothische taihun, tva, tiuhan, itan,
satjan etc. in die noch heute waltenden Lautgebilde zehn, zwei, ziehen, essen,
setzen u. s. w. Und gerade dieses von der hochdeutschen Sprache bedingungs-
los verschmähte th drängt man nun als unächten Wechselbalg wieder in
seine Muttersprache hinein!

*) Unserem Ludwig Tieck ist wahrhaftig die Verwechslung passirt. In seinem
Gedicht „Erster Anblick von Rom" (Gedichte von L. Tieck. Neue Ausgabe. Berlin 1841,
pag. 250) steht zu lesen:

> Hier schon die Brücke,
> Die Straße der Vorstadt,
> Und rascheren Trabes
> Nähern wir uns dem Pappelthor."

Weg mit Thau und Thon, mit Thür' und Thor u. f. w. und schreiben wir, wie es Consequenz, gesunder Menschenverstand, praktisches Bedürfniß und obendrein noch Gesetz und Geschichte der Sprache verlangen. Bleiben mag vorderhand noch das Th in den Frembwörtern. Aber auch hier, wenn einmal eine minder schreibkundige Feder, sei es in der zarten Hand einer Dame, sei es in der Faust eines biderben Bürgers, eine Teorie und Teologie hinmalt — was schadet das? Sie schreiben ja auch Tenne, Tempel, Tiegel und schreiben also wenigstens consequent und verständig, wir aber schreiben wie die Narren.

Besagtes H hat sich nun bekanntlich nicht nur im Anlaut des Wortes seßhaft gemacht, sondern hat sich zweitens auch im Auslaut und Inlaut dem t angesäuselt. Die Gothen in ihrer barbarischen Unschuld schrieben god und mod, die alten Deutschen guot und muot, guet und muet, wir aber schreiben Gut und Muth, Blut und Wuth, heute roth, morgen tobt (und übermorgen ganz tot, schon starr und steif, daher hartes t), Loth und Bote, Athem und beten, Werthe, Gelehrte und bescherte — auch dieses alles ohne irgend einen, auch nur mikroskopisch sichtbaren, Vernunftgrund. Streichen wir denn auch dieses, streichen wir das th überhaupt aus der Tonleiter unserer Sprache und trösten wir uns gegen den Groll der Pedanten mit dem Bewußtsein, daß wir etliche Millionen Fehler jährlich aus den Concepten alter und junger Germanen getilgt haben. Dieses klang- und sinnlose h erinnert an jenes verführerische Wesen bei Ovid, an die Nympha vocalis, die resonabilis Echo;

.... usum
garrula non alium quam nunc habet, oris habebat,
reddere de multis ut verba novissima posset.

Nichts vernünftiges brachte die Schwätzerin über die Lippen
Nur den verhallenden Klang wiederholt sie vom Worte der andern.

Sprechen wir den Fluch der Saturnia über sie:

Huius, ait, linguae, qua sum delusa, potestas
Parva tibi dabitur vocisque brevissimus usus.

Die du, Schwätzerin, unser so lange gespottet, es sei dir
Fürder die Zunge gekürzt und seltener sollst du gehört sein.

Also die Mißehe zwischen t und h wäre glücklich gelöst und unser braver Zahnlaut sieht jetzt selbst ein, daß er einen dummen Streich gemacht hatte. Er wird zwar nicht vermeiden können mit der Geschiedenen hie und da noch in sehr nahe Berührung zu treten, z. B. in Wortgefügen wie „borthin, enthalten, hartherzig, Krauthaupt;" allein als gebildeter weit= gereister Mann, „der Fräuleins alle Höflichkeit erweist," wird er diese flüchtigen Berührungen mit Geistesgegenwart und Anstand zu tragen wissen. Ob man in echtdeutschen Namen wie Lothar, Lothringen, Walther das h beibehalten soll, darüber wollen wir mit Herrn Bernhard Schulz („Die Rechtschreibung im Deutschen u. f. w." Paderborn 1868) und seinem wackern Büchlein nicht streiten. Auch hier ist das th, wie in „borthin," nur die zufällige Folge der Zusammensetzung (Lot-har etc.). Historische Namen wie Luther bleiben selbstverständlich; mit seinem eigenen kann es jeder halten wie er will. Aber eine Bertha würden wir trotz aller Historie „Berta" schreiben, einfach ihrem Bruder Robert zulieb. Und nicht minder „Türingen."

Indessen ist das Nebensache und Sache entweder der christlichen Toleranz oder spätern Uebereinkommens. Zunächst bleibt ein wichtigeres Geschäft zu besorgen.

Wir bemerken nämlich zu unserem Bedauern, daß sich Dame H, ver= wittibte T, behufs Abhaltung ihres Trauerjahrs zwar einen sehr behaglichen, aber rechtlich kaum zu behauptenden Wittwensitz eingerichtet hat, viel zu nahe bei Madrib und wiederum auf Unkosten dritter. Wir müssen sie ohne Schonung aus der Wohnung treiben oder — deutlich gesprochen — wenn wir schon und schonen schreiben können, so werden wir uns für= berhin auch zu one und wonen entschließen können und müssen. Zwar „aus Gemeinem ist der Mensch gemacht und die Gewohnheit nennt er seine Amme," aber auch in diesem Punkt, in dem behnenden h, waltet Willkür und Inconsequenz doch allzu schnöde, und fordert einen energischen Schritt heraus; schwer, sehr, zahm, Scham und hundert andere Wörter= und Reimpaare schlagen sich gegenseitig förmlich ins Gesicht — und uns auch.

Nur von einer Classe von Wörtern hat der Deutsche dieses Deh= nungs=H consequent ferngehalten, von den Fremdwörtern. Mit bedienten= mäßiger Gewissenhaftigkeit hält er sie sauber und putzt ihnen allmorgenblich höchsteigenhändig die Stiefel, für den Fall, daß einem auf dem unsaubern Boden unserer Muttersprache ein deutsches h an den Sohlen hängen ge= blieben wäre. Den gothischen sunus, altdeutsch sun, verzieht er trotz des ursprünglich kurzen o in Sohn, aber an eine fremde Krone zu tasten wagt er nimmermehr, obgleich es oder weil es — beides paßt — eine römische coróna ist.

Wir würden es begreifen, wenn man glattes Geschütz Kanonen und gezogenes Kanohnen oder Kanoonen schriebe, würden dann aber aller= dings vorschlagen, überhaupt wieder von der Lautschrift zur Bilderschrift, zur Hieroglyphe, zurückzukehren. Es ist uns ohnehin von jeher ein an= heimelnder Gedanke gewesen, daß an der Spitze des Alphabets und aller Schreib= und Lesekunst das A steht, die noch ziemlich genaue Nachzeichnung des semitischen Aleph, welches bekanntlich einen Ochsenkopf bezeichnet. *)

Auch uns ist die Kunde nicht entgangen, daß in einer beträchtlichen Anzahl neudeutscher Wörter das scheinbar behnende h ein organischer, ge= schichtlicher Laut ist, so in Aehre, allmählich, Gemahl, Zähre, zehn u. a., oder, nur jetzt an andere Stelle gerückt in Föhre, befehlen, Thräne. Allein nachdem die neuere Schreibung im vorliegenden Fall sich jeder Consequenz begeben hat, so erachten wir es für überflüssige Gelehrtenromantik aus jenen zertrümmerten Lauten jetzt wieder nagelneue gothische Ruinen zu bauen, wir beantragen vielmehr: das h als Dehnungszeichen — und factisch ist jetzt auch das organische h nur noch Dehnungszeichen — wird gestrichen; es bleibt nur mit gewissen Ausnahmen, den vocalisch auslautenden Wörtern (roh, Kuh, Vieh), und zweitens da, wo es zwei Vocale oder Diphthong und Vocal auseinanderhält (stehen, spähen, weihen, ruhen, blühen u. a.). Uebrigens nicht einmal im letztgenannten Fall ist die moderne Praxis folge=

---

*) Wenigstens nach der hergebrachten und noch jetzt vorherrschenden Meinung. Eine andere und vielleicht richtigere bessere Anschauung findet man z. B. in dem treff= lichen Buche von Dr. Jul. Fürst: „Geschichte der biblischen Literatur und des jüdisch= hellenischen Schriftthums" (Leipzig, B. Tauchnitz, 1867), erster Band S. 24.

richtig geblieben, denn neben mähen schreibt sie säen. Wir wissen recht wohl, daß mit der hier ausgesprochenen Regel noch nicht die ganze Frage über das H abgemacht ist; die untergeordneten Punkte aber und die einzelnen Schwierigkeiten und Feinheiten abzuhandeln ist hier nicht der Platz und nicht der Raum.

Ganz von selbst gleitet Sinn und Rede nun von dem glücklich beseitigten Unhold auf seinen ihm ebenbürtigen Bruder. Man erzählt sich von einem weiland hohen Herrn in München: derselbe habe einmal einen Unbekannten auf der Straße gestellt: „Was ist Er?" — „I war der Baum'lwirth am...." „Was Er ist, will ich wissen!" — „Ja, i war der...." „Ein Esel war Er, und ist Er, und wird Er sein." Diese Conjugationsstunde aus dem Stegreif ist wohl kaum geschichtlich, denn dem vornehmeren der beiden Unbekannten war sicherlich die dialektische Eigenheit geläufig, welche hier zum quisproquo zwischen Vieh und Menschenkind zugespitzt wird. Aber wird man uns nicht mit einem ähnlichen Prädicat beehren, wenn wir uns vermessen, den graphischen Unterschied zwischen war und wahr, zwischen waren, wahren und Waaren aufzuheben, wenn wir der Intelligenz der deutschen Dichter und Denker zumuthen, über die Bedeutung des Worts „waren" — ob erant oder verum oder mercibus — künftighin aus dem „Zusammenhang" zu entscheiden, auf aa und folglich auch ee und oo ein= für allemal zu verzichten, Bere zu schreiben wie man schon jetzt vielfach Lorber geschrieben sieht, Her wie Herberge, Hermann und Herzog, bar wie barfuß und barhaupt? Man sieht, auch hier ist Regel und Consequenz von der gemeinen Praxis schon durchbrochen und der Weg zum besseren und „waren" gezeigt. Zwar wird irgend ein „gelehrtes Haus" uns fragen: was denn jetzt noch für ein Unterschied sein solle zwischen ihm und einem gelerrten Haus? Wir könnten erwiedern: der Unterschied zwischen eruditus und vacuus, zwischen doctrina und vanitas sei ohnehin nicht immer so gar gewaltig; wir wollen aber lieber unsere eigene Gegenfrage stellen: was denn zum Exempel das Schriftzeichen „verlegen" eigentlich bedeute, ob verlegen wie es die Buchhändler, oder wie es die Hühner thun? (was freilich je zuweilen auf eins hinauskommt). Ich denke: auch der Gelehrteste wird — verlegen dastehen und wird leicht bemerken, daß diese Zweideutigkeit, anderer Fälle zu geschweigen, sich bei einer ganzen Classe unserer zusammengesetzten Verba wiederholt, sich wiederholen muß.

Die Zukunftsregel würde also lauten: „Der einfache Vocal vor einfachem Consonanten ist lang, die Kürze aber wird durch Verdoppelung des einfachen Consonanten ausgedrückt." Einiges Wenige bleibt auch hier einer noch zukünftigeren Regelung vorbehalten.

Man überschaue noch einmal eine kurze Wörterreihe wie diese: Tag, Thal, Muth, Blut, Waare, war, wahr, wohnen, schonen, Boot, roth, Bote, sehr, schwer, leer, verheeren, verkehren; man berechne die Zahl der Fragen und Zweifel, welche in diesen Wörtern liegen, man trage das Ergebniß über auf die sämmtlichen übrigen Wörter derselben Art und ihre zahllosen Zusammensetzungen, man multiplicire es mit ihren sämmtlichen Declinations=, Conjugations= und sonstigen Flexionsformen — und nun stelle man sich vor, wer es kann, einen sechsjährigen Durchschnittsschüler, d. h. ein mäßig begabtes, aber einfach und natürlich denkendes Menschenkind, welches deutsche Schrift und Sprache lesen und schreiben lernen soll. Nein, man stelle sich

zwei Millionen solcher Geschöpfe vor wie sie, Knaben und Mädchen, all=
jährlich in die Elementarschulen einrücken, um sich einweihen zu lassen in
die Anfänge aller menschlichen Erkenntniß, die geheimnißvolle Weisheit der
Runen.

Welche Summe von geistiger Arbeit, welche Arena der ringenden
Zweifel, welche Kämpfe des Gedächtnisses, das nimmer ermatten darf, die
widerstrebenden Formen des geistigen Stoffs zu fassen, zu umklammern,
zu überwinden, niederzuwerfen, bis sie als willenlose Sklaven dem Sieger
den unbedingten Gehorsam schwören und leisten.

Das Schauspiel, das uns diese kleinen Athleten bieten, ist rührend,
wenn wir den Einzelkampf betrachten, erhebend, wenn wir das Ganze über=
schauen. Und wir andern, wir Alten, sollen weichlich, faul und grausam,
wie jene römischen Barbaren dem Spiel folgen und Beifall klatschen, wenn
der brave kleine Gladiator ermattet zusammenfällt! Gar nichts Anderes
aber als Grausamkeit und faule Weichheit ist dieser unser zäher Widerstand
gegen humane Mitwirkung; ja wir möchten sagen, es läuft, · wenn auch
unbewußt, das süße niederträchtige Gefühl der Rache mit unter; es ver=
räth sich in dem oft gehörten Wort: „Wir haben's auch lernen müssen,
und haben's gelernt, also kann's mein Karl'chen, mein Gretchen auch." —
Ja wohl, mein Lieber, — „sie ist die erste nicht," sagte der Teufel zum
Doctor Faust.

Bei jedem Centner Steinkohle, den er verbrennt, bedauert der Mechaniker,
der Physiker, der Geschäftsmann, daß ihm von den hundert Procenten
latenter Kraft nur so und so viel zur wirklichen Entwicklung kommen, sich
in Wärme, in Bewegung wandeln, ein ansehnlicher Theil aber als Ruß
u. s. w. durch's Kamin und andere Schleichwege sich davon macht und das
letzte Streben aller Maschinentechnik ist daher mit möglichst wenigen und
einfachen Mitteln zu arbeiten, aber den theoretischen Kraftwerth des Mittels
zur möglichst vollständigen, zur höchstprocentigen praktischen Wirkung zu
bringen. Populär ausgedrückt — kein fünftes Rad am Wagen zu dulden,
wie es zum Beispiel auf anderem Gebiete der Buchstabe v im deutschen
Alphabet ist. Jedermann weiß, daß der Fürst nichts Anderes ist, als der
fürderste, der vorderste. Warum nun diesen uralten schönen Zusammen=
hang, und mit ihm so manchen andern, muthwillig zerreißen? Mit Aus=
nahme etwa der anlautenden Liquiden l, m, n gibt es in unserer Sprache
keinen Laut, der so einheitlich, scharf bestimmt, frei von mundartlichen
Färbungen durch das Hochdeutsche geht, von den Alpen bis zur Nordsee,
wie dieses F, *) und gerade diesen unbeugsamen ehrlichen Charakter stecken
wir in die doppeltuchene Narren= und Zuchthausjacke, lediglich zu dem hu=
manen Zwecke, daß alltäglich ein paar tausend bittere Zähren mehr über
jugendliche Wangen rinnen ob des unergründlich räthselhaften Lautunter=
schieds in vor und für, vier und fünf, Vater und Faden, vielen und
fielen u. s. w.

Natürlich weist man uns stracks hin auf das Mittel= und Altdeutsche,
daß schon hier, schon seit Jahrhunderten, der schnöbe Doppelgänger spuke.

---

*) Wir können hier natürlich ganz absehen von der sonstigen Geschichte des f
als gothischem þ, sowie von gewissen wenigen Wörtern wie Schwefel, Hafer und Haber,
Fichte u. s. w.

Nun — das Gothische ist noch erkleklich älter und dort heißen Vater, viel, vier, fünf u. s. w. fadar, filu, fidvor, fimf, wie ja Schwester England in diesem Punkte der gothischen Periode ganz treu geblieben ist. Was braucht es der Worte mehr? Das v ist abgeschafft. Gerade darum, weil wir in andern Fällen unserem praktischen Standpunkt den etymologischen, den geschichtlichen, opfern müssen, darum greifen wir mit beiden Händen nach dem Ersatze, der sich hier so ungesucht uns bietet. Wenn wir euch das geschichtlich echte h in Zähre rauben und fürderhin Zäre schreiben, so schenken wir euch dagegen zum Worte füllen wieder das Stammwort foll, zum fliegen den sinnverwandten Fogel, zum Fürsten den forbersten. Das auf diese Weise kalt gestellte v aber an die Stelle unseres w zu setzen und dieses auszuwerfen, wie mehrfach vorgeschlagen und versucht wurde, dafür sind wir vorläufig zu conservativ; wir wollen nur lästigen Ueberfluß entfernen, um mit einfacheren Mitteln hauszuhalten.

Darum wollen wir nicht nur dem Herrn Gregorovius ein Lob spenden, daß er in seiner „Geschichte der Stadt Rom im Mittelalter" (zweite Auflage) das th zu tilgen unternommen hat, sondern auch die Unterlassungstugend des „Schwäbischen Merkur" preisen, der schon längst das müßige tz aus seinen Spalten geworfen und das reine z hergestellt hat, wie er auch statt des doppelten m und n die Zeichen m̄ und n̄ einführen zu wollen scheint. Stehen aber bleibe das ck; nur nicht, wie wir es auf einem Gange durch Augsburg sahen, wo ein Hausschild uns verkündigte, daß allhier ein prackischer Arzt wohne. Ein zweites Schildchen in benachbarter Gasse schreibt zwar praktisch, deckt aber den Ausfall durch den Arzt. Ein dritter meidet schlau diese orthographische Scylla-Charybdis und schreibt sich einfach — Doctor.

Daß auch dem altehrwürdigen y im Dasein Ihres geschätzten Blattes*) sein Stündlein nicht mehr fern sei, ist Wunsch und Hoffnung einer überwiegenden Mehrheit. Zwischen suus und esse, zwischen sein und sein unterscheiden die Menschen weit leichter als zwischen manch anderm ungleicheren Wörterpaar, wie zum Beispiel zwischen Mein und Dein, Recht und Gewalt, Einheit und Freiheit. Wann wird einmal für diese Worte die begriffescheidende ethische Nationalsynonymik erscheinen? Die Probebogen der Berliner Verlagshandlung stellen ein fast allzu kostspieliges Werk in Aussicht.

Nach Beseitigung von v und z werden wir wieder sehr conservativ. So fällt es uns, im Gegensatze zu andern Alphabetstürmern und phonetischen Ikonoklasten, auch nicht entfernt ein eine jene ziemlich zahlreichen Wörter zurückzuerobern, welche zum Theil erst durch falsche Schreibung zu falscher Aussprache gekommen sind. Es ist ja z. B. bekannt, daß Herr Zwückauer seine Stilübungen keineswegs auf das Berliner Witzblatt beschränkt, sondern daß er sich längst in die hochdeutsche Sprache breit und behaglich eingebettet hat. Unser „lügen, trügen, dörren, ergötzen, Hölle, Löffel, löschen, Löwe, Möve, schöpfen, schröpfen, wölben, zwölf, schlüpfrig, Sprüchwort, Würde" u. s. w. sind eitel Sprößlinge besagten Zwückauers, und allein richtige Aussprache und Schreibung wäre liegen, Helle, zwelf, Wirde ꝛc. Scheinbare Abstammung und der in jeder Sprache waltende Zug der Analogie führten

*) Ich lasse diesen Satz stehen, um die Bemerkung daran zu knüpfen, daß wenige Tage später das y aus der „Allgemeinen Zeitung" verschwunden war.

zur falschen Schreibung und einmal schriftlich fixirt war der Irrthum für immer eingebürgert und ist durch Verjährung zum Rechte geworden (nur nicht beim „Sprüchwort"). Gegen diesen Stachel lecken wir nicht.

Wohl aber gegen einen anderen, gegen den Mißbrauch der großen Anfangsbuchstaben. Es fürchte Niemand, daß wir uns auch hier wieder in das Gebiet des Spottes verirren. Andere haben es oft gethan, uns ist Spott und Satire in diesem Punkt längst zu wohlfeil, so recht eigentlich spottwohlfeil geworden. Warum das tausendmal Gesagte noch einmal sagen? Ein deutsches Buch, eine deutsche Zeitung nimmt sich neben einem französischen, englischen, spanischen, neben jedem andersprachigen Druckwerk etwa so aus wie der Hanswurst mit Flickwams und Schellenkappe in einer Versammlung, wo ernste Männer über ernste Gegenstände sich besprechen. Man bestreitet das. Warum? aus demselben Grund aus dem man bestreitet, daß der militärische Aufputz unserer Kriegsheere jedem Gesetze der Aesthetik und jedem männlichen Ernste Hohn spricht. Man hat einfach Sinn und Auge für solche Erkenntniß verloren. Das sogenannte, leider sogenannte, Hauptwort malerisch vor den andern Redetheilen hervorzuheben ist, wie Jedermann wissen kann, nur eine spät und langsam aufgekommene Mode. Die Versuche dieser Mode eine nachträgliche innere Berechtigung unterzuschieben, beruhen auf einer jämmerlichen, durchaus oberflächlichen Anschauung vom Wesen der Sprache, des Satzes, des Wortes. Das gründlichste und rascheste Mittel aber, diesen des deutschen Geistes unwürdigen Mißbrauch zu beseitigen liegt zur Hand und lautet: Abschaffung der sogenannten deutschen oder gothischen Schrift und Anschluß an die allgemeine Culturschrift, an die römische. „Im Anfang schuf Gott Himmel und Erde," kann man noch eine kleine Frist zur Noth vertragen, aber nur in deutschen Buchstaben. Dagegen »Im Anfang schuf Gott Himmel und Erde,« das sieht doch gar zu armselig und kindisch aus.

Hier ist der Punkt, wo man unter andern Scheingründen auch den „teutschen" Patriotismus, die nationale Eigenthümlichkeit und verwandte Phrasen ins Feld führt. Es sei uns folgendes Wort gestattet: Das deutsche Schulkind muß lernen 1) deutsche Bücherschrift, 2) deutsche Cursivschrift, 3) lateinische Schrift; alle drei in je zwei sehr verschiedenen Formen, dem großen und dem kleinen Alphabet. Macht sechs verschiedene Alphabete. Genau genommen sondert sich auch die lateinische Schrift in Druckschrift und Cursivschrift, die zwar weniger verschieden, jedenfalls aber nicht identisch sind. Wir wollen das nicht in Anschlag bringen; es bleibt traurig genug, daß man sechs, beziehungsweise drei Systeme überwinden soll, wo deren zwei, beziehungsweise eines genügt. 66⅔ Procent geistiger Arbeit gehen durch den Kamin; oder rechnet man, in Anbetracht der Verwandtschaft beider Schriften, auch nur 50, nur 33⅓ Procent — ist euch deutschen Patrioten die Zeit so wohlfeil, die Arbeit eurer Kinder und Lehrer so werthlos, sind die in riesigen Progressionen schwellenden Erkenntnißstoffe des Jahrhunderts so leicht zu bewältigen, daß man Wochen und Monate an Läppereien zu verschwenden übrig hat?

Zwar hat neulich ein deutscher Naturforscher gelegentlich einer Schrift über den Ursprung der Sprache den Satz aufgestellt: „daß Hottentoten, Buschmänner, Kaffern u. s. w. sich bis auf den heutigen Tag am wenigsten vom Affen entfernt haben, wie in ihren physischen und moralischen Eigenschaften, so auch in ihrer Sprache." Abgesehen von der Behauptung als solcher — sie zeugt von mehr Zuversicht als Sachkenntniß — so hat Verfasser dieses etliche Dutzend Büchlein vor sich, von Missionären in den Sprachen solcher Affenvölker und für sie geschrieben, und er findet, daß sie recht gut mit einer Schriftart und ohne große Buchstaben für ihre angeblichen Substantiva auskommen und in diesem Punkt wenigstens über den stolzen Erben des Sanskritischen Sprachgutes stehen. Ja wir erlauben uns das peyunpai nearumpa wokka-ka-pa moroko-ka-pa ka-tan des von Gott und Welt verlassenen Australmenschen graphisch viel vernünftiger zu finden als das „Unser Vater in dem Himmel." Glückliche Menschen! Eure Vergangenheit heißt Gestern, eure Urzeit Vorgestern; eure Geschichte ist die Spur, die eine flüchtige Sohle heut in den Sand der Wüste prägt, die morgen vom Sande der Wüste verweht wird. Wir haben eine ältere stolzere Geschichte; wir anerkennen ihren Segen, wir fühlen aber auch ihren Fluch. Von Patriotismus, autochthonem Teutschthum und derlei Sachen reden mag leichter und angenehmer sein, als manches Andere, als zum Exempel dem Staat sein Einkommen gewissenhaft und richtig zu satiren. Eine Selbstbesteuerung ist es allerdings, die wir beantragen, keine Steuer auf Tabak, Hunde, Petroleum, eine Anforderung nicht an den Geldbeutel, sondern an jedes gebildeten Mannes Verstand und Willenskraft, und ihr Zweck ist Erleichterung der nationalen Geistesarbeit, folgerecht also bessere höhere Bildung des Einzelnen wie des Ganzen. Insoferne wäre orthographische Reformarbeit recht eigentlich die Sache der Demokratie. Sie hat nie daran gedacht, sie wird vielleicht daran denken, wenn zu den bekannten sieben Steuervorlagen noch die achte kommt, auf bigames th — ß, auf Dehnungs-H und Doppelvocale, auf Majuskel-Sport, Initialenschwelgerei und zweispänniges v—f, eine orthographische Luxussteuer, wie wir sie hiemit dem schwerbedrängten Finanzminister des Norddeutschen Bundes dringend empfohlen haben wollen.

Wir stehen am Schluß, und das Wort erinnert an einen der schwierigsten Paragraphen unseres Thema's, an die vielburchpeitschte Frage vom s, ſs, ss. Wir nennen die Frage, um sie sofort von unserer Tagesordnung zu streichen, wie wir gleichfalls verzichten auf die Behandlung des i und ie, auf den Kampf zwischen e und æ (ä), auf die Theorie der Diphthonge und auf noch manches Andere. Wir haben die Punkte erörtert, auf welchen der Uebertritt vom non-sensus in den consensus Germaniæ am einfachsten und leichtesten erfolgen kann. Ist er einmal gethan, sei's in drei, in zehn, in zwanzig Jahren, dann mögen andere weiter gehen. Bis jetzt ist immer das Bessere der Feind des Guten gewesen. Volle Einigkeit und Einheit, definitiver Abschluß, „Friede für ewige Zeiten," wie die Diplomatensprache mit der ganzen frivolen Frechheit eines heimathlosen Rothwälschbialekts sich ausdrückt, das ist auf unserem Gebiete gar nicht möglich, es soll und darf nicht sein. Vielleicht wird es doch einmal, dann aber ist unser Deutsch, ist die Sprache der Luther und Lessing, der Schiller und Göthe bereits eine todte Sprache, über welche dann etwa slavische Professoren und mongolische Privatdocenten sehr anziehende Vorlesungen an den Gestaden von Neckar und Rhein und Isar, von Rhein und Spree halten.

Auch ein äußerer, nationaler Gewinn steckt in den paar Aenderungen, die wir vorgeschlagen. Wir haben Zählung, Messung und Rechnung angestellt und zwar an der Allgemeinen Zeitung selbst und haben Folgendes gefunden. Durch die Landesverweisung der müßigen Zeichen und Mediatisirung der Majusculatsherren werden nach mäßiger Durchschnittsrechnung ungefähr 2 Procent des bedruckten Raums erspart, ein Gewinn, der natürlich auf mannichfaltige Weise ausgedrückt werden kann, als Ersparniß an Papier, an Blei, an Zeit, namentlich aber auch an Druckfehlern. Wir bleiben aber bei der Allgemeinen Zeitung und die verehrten Leser derselben werden leicht begreifen, daß ihnen in Folge unserer vereinfachten Schreibung auf gleichem Raum, bei gleichem Druck und Format und gleicher Nummernzahl, jährlich sieben Nummern mehr ins Haus geliefert werden, als bisher, mit andern Worten: daß sie künftig am 31. Dezember, wenn sie den Neujahrspunsch brauen, um je vierzehn Bogen unterrichteter, weiser und tugendhafter geworden sind, als unter der alten Aera. Das gleiche Verhältniß gilt natürlich für jede Zeitung, jedes Buch, soweit die deutsche Zunge klingt. Allerdings, die Einführung der römischen Typen, der „Antiqua," wie der technische Ausdruck lautet, könnte unter Umständen das angegebene Verhältniß um ¼ oder 1 Procent herunterdrücken. Bei dieser Gelegenheit sei eine Nebenbemerkung erlaubt: Die Antiqua vieler deutschen Druckereien leidet, gegen englische und französische Drucke gehalten, an dem Fehler Hamlets — sie ist zu fett; es fehlt den Typen der feine, scharfe, leichte Schnitt und Schwung. Mit jener Eigenschaft hing des Dänenprinzen schweres, zögerndes Wesen zusammen, und es will uns bedünken, daß unter der bleiernen deutschen Rüstung auch der Geist des Lesers sich schwerfälliger bewege; das Auge jedenfalls fühlt sich nicht nur beleidigt, sondern auch mehr als nöthig angestrengt.

Die überall und nirgends gesprochene hochdeutsche Sprache zählt ungefähr 43 verschiedene Laute. Unser Schul=ABC dagegen stellt uns nur 26 Buchstaben zur Verfügung, darunter 5 Müßiggänger, wie das in jedem wohlgeordneten Contingente Brauch ist. Die unsern heißen c, q, v, x, y. Eine spätere Zeit pensionirt sie vielleicht, ersetzt die Laute ch und sch durch besondere Zeichen und hat dann für jene 43 Laute 23 (mit ö und ü 25) Runen.

Zeichen und Laute decken sich also bei weitem nicht und gerade diese Unvollkommenheit ist eine der herrlichsten Eigenschaften des semitisch=abendländischen Alphabets, einer Schöpfung deren Genialität nur von dem Werke der Sprachbildung selbst übertroffen wird. Den reichen, feinen Aufbau eines Sanskrit=Alphabets mag der Sprachforscher mit vollem Rechte preisen; an der geistigen Entwicklung Europa's hat ihr redlich Theil die weise maßvolle Beschränkung, mit welcher Grieche, Römer und Germane das fremde asiatische Schriftsystem an sich genommen, überliefert, jeder in seiner Art es fortgebildet hat. Die noch ungeschriebene Geschichte dieses Alphabets ist eine von Jahrhundert zu Jahrhundert sich herunterringende Geistesarbeit, ein ewiger Kampf zwischen Stoff und Form. Viele Mißgriffe sind begangen worden, hier schuf man zu wenig, dort zu viel, nie kamen Stoff und Form in harmonisches Gleichgewicht; aber — das Entscheidende — nie hat man sich verführen lassen, das flüchtige geistige Wesen des Sprachlautes in dem viel sinnlicheren Medium der Schrift vollständig, sklavisch, pedantisch zu fixiren. Man hat, wenn auch nur halbbewußt, den leisen ewigen Wechsel des Sprachlautes anerkannt und hat sich gehütet, ihn durch ein Uebermaß von starren Formen zu hemmen. So folgt unermüdet bis auf diesen Tag die feste Schrift dem enteilenden Laut, ähnlich dem festen Punkt, der im Umkreis des rollenden Rades die stets sich erneuende Cycloidencurve in die Luft zeichnet.

Indem man also den Laut nur in seinen wesentlichsten Momenten festhielt, die Ton-Tinte in Schreibtinte wandelte, ist es geschehen, daß unsere heutige Schrift keineswegs, wie man allgemein annimmt, eine streng und einseitig phonetische ist, sondern, gleich andern Systemen, dem ägyptischen, chinesischen, ein gemischtes System; ich möchte es das symbolische nennen. Man betrachte etwa unser deutsches e. Das ist mit dem sanskritischen gar nicht zu vergleichen. Letzteres ist haarscharf bestimmt, ein langes reines e. Unseres aber ist e und ē, langes und kurzes æ, und jenes halbe und drittels-e in tonloser Sylbe. Es ist nicht das Bild für einen bestimmten Laut, sondern das Symbol für eine ganze Gruppe von Lauten. Man vergleiche die Wörter behend, bebe, bebend, bebende, gebend, lebendig; wie bescheiden stellt sich hier das Schriftzeichen hinter den Laut, dem verborgenen Souffleur gleich, dessen Flüstern genügt daß die Gestalten der Bühne sich in energischer Rede bewegen. Hier und in andern Fällen kommt das einzelne Lautzeichen erst in der Sylbe, oft erst im ganzen Worte zur Entwicklung, erhält das Metall sein Gepräge. Was in der semitischen, hebräischen Schrift und Sprache Gesetz und Regel ist: daß erst die Consonantengruppe den Vocal bestimmt, das erscheint auch bei uns oft genug, wenn schon nur in der Form des Zufalls. Auch das Umgekehrte, daß der Vocal den Consonanten bestimmt, z. B. in „ich" und „ach."

Die Geschichte der germanischen wie auch anderer Sprachen stellt sich, wenigstens unter einem gewissen Gesichtspunkte betrachtet, dar als ein langsamer phonetischer Verfall, eine lautliche Verwitterung, ein Abbröckeln der Formen-Ornamentik. Diesem Processe das rettende, versöhnende Gleichgewicht hält die innere Vergeistigung, welche die immer leichter werdenden Sprachformen zu immer rascheren, gewandteren, feineren Denkprozessen entwickelt. Da ist nun, was das Verhältniß von Laut und Schrift belangt, von den romanischen Mundarten die italienische, von den germanischen die deutsche am besten weggekommen; am schlechtesten wohl von jenen das Französische, von diesen das Englische. Diese beiden schleppen die alten historischen Schalen, denen sie lautlich und geistig längst entkrochen sind, in der Schrift mit sich herum. Das Italienische ist der römischen Muttersprache lautlich ziemlich treu geblieben, und hat überdieß sich orthographisch in vielen Punkten sehr energisch und vernünftig emancipirt (namentlich auch durch Ausmerzung von th, ph und y in den griechischen Lehnwörtern). Weit glücklicher hat uns selbst das Schicksal sich gestaltet. Unsere Sprache ist, trotz jener Formverwitterung, trotz mancher gewaltigen Wandlung in Wortschatz und Satzbau, im großen Ganzen sich treu und gleich geblieben. Das fast 700 Jahre alte Nibelungenlied bringt ein guter Vorleser mit wenigen erklärenden Bemerkungen einem gebildeten Laienkreis rasch und leicht zum Verständniß und auch gegen das älteste Hochdeutsch gehalten steht unser Neudeutsch noch auf den uralten quaderfesten Grundmauern. Selbst die Aussprache hat im Wesentlichsten Stand gehalten und die abgeleiteten Wörter zeigen meist noch klar und sicher auf Urstamm und Grundwort zurück. Eben im Hinblick auf diesen in sich selbst geschlossenen, aus sich

selbst sich erläuternden Bau der Sprache brauchen wir in der äußern schrift-
lichen Darstellung nicht so ängstlich zu sein.

Zum Schluß noch eine Bemerkung. Streng orthographisch schreiben
kann nur ein sehr geringer Procenttheil der Menschen. Vorweg das schönere
Geschlecht, sagen einzelne Verleumder, habe sich in diesem Punkte von jeher
die weibliche Freiheit gewahrt. Wenn das richtig wäre, so könnten die
Damen einstweilen getrost sagen: warum macht ihr Herren so dumme Gesetze? Aber auch dem Gelehrtesten geschieht es zuweilen, daß der geflügelte
Schwung des Gänsekiels plötzlich stockt, und er weiß sich nicht anders zu
helfen, als er schreibt das zweifelhafte Wort sich in ein paar Varianten
selbst vor, bis ihm das rechte Schriftbild vor das Auge tritt. Dem gemeinen Mann, der etwa von den fernen Erinnerungen seiner Volksschule
zehrt, begegnet das gleiche, nur viel häufiger und in gröberer Weise, aber
aus demselben Grunde wie dem Gelehrtesten: sein Auge hat das Schriftbild vergessen. Dasselbe nach dem Gehör herzustellen, es zu orthographiren,
wenn das Wort erlaubt ist, gelingt ihm schwer, weil die Auffassung des
Lautes als solchen eine zu feine und abstracte Operation ist, es ihm ohnehin schon schwer wird, die Wortform aus der Mundart rein herauszuschälen
— mit dem Musiker zu reden — sie auf einen andern Schlüssel zu setzen.
Dagegen der wahre Orthograph ist — der Taubstumme. Criminalisten
wissen, daß unter den Vertheidigungsmitteln abgefeimter Delinquenten die
simulirte Taubheit und Taubstummheit eine Rolle spielt. (Avé-Lallemant,
„Das deutsche Gaunerthum." Bd. II, S. 45.) Aber selbst für den abge-
feimtesten, den vielleicht sogar ein unerwartet abgefeuerter Pistolenschuß nicht
aus der Fassung bringt, steht eine sehr einfache, unter gewissen Umständen
unfehlbare, Falle bereit: man läßt ihn einige Worte zu Papier bringen.
Schreibt er, etwa ein geborner Schwabe, rond statt rund, ein Sachse
etwa sachen statt sagen, dann ist er gefangen; denn ein wirklich Taub-
stummer, wenn er überhaupt Schreibunterricht genossen hat, kann vielleicht
bund statt bunt schreiben, aber er kann unmöglich grobe phonetische,
mundartliche Fehler machen; ihm ist ja nie aus dem wogenden Meer der
Sprache eine tönende Welle zum Ohr gedrungen; er hat immer nur die
Schriftbilder „rund," „sagen" gesehen und nachmals gelernt als äußeres
Zeichen für den Begriff der Kreisfigur, für den Begriff des Redens; er
schreibt — ein wehmüthiger Widerspruch — die Laute am sichersten, weil
er nie einen Laut gehört hat.

Diese Beispiele beweisen, daß nicht Mund und Ohr, sondern vorherr-
schend das Auge das Organ ist, mittelst dessen wir die Sprache in regel-
rechter Schrift darzustellen uns gewöhnen — ein neuer und für diesmal
unser letzter Grund für dieses Auge möglichst einfache Tonbilder zu schaffen,
das optische Gedächtniß der lernenden Jugend nicht mit unnöthigen Punkten
und Strichen zu überladen. Der Buchstabe tödtet, der Geist macht lebendig.

VI.

Der Ursprung der Sprache.

Von E. Geiger. (Stuttgart, J. G. Cotta, 1869. XXX. 282.)

––––––––

Anfang, Balken, benützen, berauschend, Burzelbaum, Domherr, dumm, Eichel, einbüßen, Ende, Furcht, geistliche Versammlung, Gemeinderath, Glück, Grab, Gruß, Gesetz, Gerichtsbezirk, halsstarrig, hauptsächlich, Hefe, Höllen= stein, jüngerer Bruder

Wir halten ein, erstens um Athem zu schöpfen, zweitens um dem Leser die Vollmacht auszustellen, uns für wahnsinnig zu erklären, und drittens um ihn zu bitten, noch den Rest unserer Wortreihe betrachten zu wollen, der da lautet: Kohl, Bettkissen, Kragen, Kriegsschüler, Knopf, Buchabschnitt, Mauer, Pacht, Person, neben, Offizier, Punkt, reich, Rabwelle, Raupen= gespinnst, Saum, Schiffsschnabel, Scherzgedicht, Schöffe, Säulenknauf, Stadt, Stadthalter, Steuer, Stück, Tapete, todeswürdig, Tragband, Ueber= fluß, Vieh, Vertrag, Vermögen, sich verköstigen, vollenden, Vorgebirg, vor= züglich, wiederum, Zunft.

Nicht jeder würde die Preisaufgabe lösen, die obigen Wörter unter eine höhere Einheit zu subsumiren. Es hat dies aber nichts zu sagen, indem das Problem schon längst gelöst ist, besser gesagt, sich von selbst gelöst hat. Man hat gar nichts zu thun, als für jeden der aufgezählten Begriffe ein gewisses ihm entsprechendes Wort in den sechs bis acht romanischen Sprachen (das Normannisch=Englische mit einbegriffen) zu setzen, und man wird er= kennen, daß die gesuchte Einheit nicht nur begrifflich, sondern auch lautlich auf das lateinische caput zurückführt. Es mag überraschen, vielleicht be= trüben, aber es ist Thatsache, so gut als daß zweimal zwei vier ist. Kann es etwas Vernunftgemäßeres geben, als einen Domherrn oder einen Lieute= nant, etwas Weiseres als eine geistliche Versammlung oder einen Gemeinde= rath, und auf der andern Seite etwas Unverständigeres, als das liebe Vieh? Und die Sprache, das erhabenste Organ, ja geradezu der Wechselbegriff der menschlichen Vernunft, ist so roh und armselig, so tactlos und grausam, so einfältig und geizig, daß sie für Klerus und Laien, Civil und Militär, Lehr= und Wehrstand, für Menschen und Vieh das einzige caput zur Ver= fügung stellt! Und dieses selbe caput, wie gesagt, hat ihr genügt, auch alle die andern oben genannten Begriffe zu übersetzen, deren Zahl wir leicht noch verdoppeln, vielleicht verdreifachen könnten. Sie ist, wie der Mann im Märchen, welcher nur einen einzigen Thaler im Sack hat, aber allzeit baar bezahlt; so oft er ihn ausgibt, immer, wenn er in die Tasche greift, ist wieder einer drinn; nur einer, aber eben doch ein Thaler. Es ist ein hübsches Märchen.

Allerdings — manche der romanischen Wörter, die wir oben meinten, sind seit Jahrhunderten außer Gebrauch oder gelten nur mundartlich; allein das ändert nichts an der Thatsache, daß der romanische Sprachgeist im Stande war, aus einem einzigen und scheinbar sehr engbegränzten Wort heraus jene 60 nach allen Richtungen auseinander liegenden, zum großen Theil scheinbar absolut unvereinbaren, ja sich widersprechenden und aufhebenden Begriffe zu formen. Das todeswürdige Verbrechen, das Vieh, das baare Geld und die Landeshauptstadt — sie alle heißen capitalis; der Säulenknauf, der jüngste Sohn des Hauses und der Kriegsschüler sind kaum formell getrennt — capitellum und capitettum, das Köpfchen. Immer ist es derselbe „Kopf", der in unerschöpflichem Gebärdespiel eine Prote'sche Reihe von Begriffen gestaltet und zwar gestaltet, nicht auf dem Wege des Witzes und des Saphir'schen Wörterspiels, sondern einfach und natürlich, naiv und gleichsam bewußtlos.

Nun aber drängt sich ganz von selbst die Frage auf: Wenn diese Fülle verschiedener Vorstellungen im Laufe von Jahrhunderten aus dem einen caput sich entfalten konnte, ist es dann nicht ebenso gut möglich, oder vielmehr nothwendig, daß auch dieses caput in seiner Bedeutung als Haupt nur ein einziger von zwanzig, vielleicht hundert Wortzweigen ist, die sich gleichzeitig mit ihm aus einem noch viel älteren Ast entwickelt haben? Hätte also dieser Ast neben caput = Haupt noch zwanzig Variationen von caput getrieben und jede derselben hätte sich wie unser caput in 60 neue Begriffe verjüngt, so wären der Sprache aus einem einzigen Ur-caput heraus nicht weniger als 1200 Begriffe erwachsen. Wäre z. B. die eigentliche ursprüngliche Bedeutung des lateinischen caput ein „Scherben" — wie ja das heute gültige französische Wort für Haupt nichts ist als testa der Scherben — so steht der Phantasie eine ganze Reihe von Möglichkeiten offen, diesen Scherben auf ein noch älteres Stammwort von allgemeinerer Bedeutung zurückzuführen, etwa auf den Begriff der Erde, aus welcher Topf und Scherbe sich gestaltet, oder auf den des Brennens, durch welches der Topf geformt wird. (Man vergleiche die testa mit tostus gebrannt, die urna mit urere brennen). Und so wären wir denn, wenn auch nur unter der Form der Möglichkeit, der Annahme einer regelmäßigen Potenzirung, wie sie nimmermehr eine Sprache rein durchführt, von den äußersten Spitzen des Baumes zum Zweige, von diesem zum Aste, von ihm endlich zu dem auch die Aeste in sich verbindenden und von sich aussendenden Stamme gelangt, und es liegt immer noch kein Grund vor, warum wir nicht über das caput in dritter Potenz noch einmal hinausgehen sollten, um in urältesten Zeiten des Menschengeschlechts zu dem vielleicht noch sichtbaren Stamm auch die Wurzel zu suchen, gleichsam

$\sqrt{\text{caput}}$. So viel steht geschichtlich noch fest, daß im Sanskrit kapâlas die Scherbe, die Schale, der Schädel bedeutet. Angenommen daß von diesen drei Bedeutungen diejenige der Schale die ursprüngliche wäre, so stünde kaum etwas entgegen, jenes Sanskritwort zu der auch sonst im Griechischen, Lateinischen und Germanischen auftretenden Wurzel cap zu stellen und es entwickelt sich vor unsern Augen dieses cap, „welches das kleinste ist unter allen Samen auf Erden," zu einem Stamme von so machtvoll gestaltender Triebkraft in Aeste, Zweige und Zweiglein hinaus, daß aus ihm allein schon ein Sprachbaum hätte gedeihen mögen, unter dessen Schatten ein Volk sich bergen könnte.

Am „Ursprung der Sprache" stünden wir damit freilich noch lange nicht; um diesem näher zu kommen, wird es gerathen sein, dem oben genannten Werke des Herrn L. Geiger näher zu treten.

Es ist schon mehr als einem weisen Manne begegnet, daß er, mitten im Strome belehrender Rede von irgend einem Einwurf getroffen, sich selbst unterbrach, den Störer per parenthesin befriedigte, und den begonnenen Satz zu Ende führte. Geiger scheint sich in ähnlichem Falle zu befinden. Er veröffentlichte fernd den ersten Band eines seit lange her und in großartigem Styl angelegten Werks über „Ursprung und Entwicklung der menschlichen Sprache und Vernunft" (Stuttgart, J. G. Cotta'sche Buchhandlung 1868), eine Arbeit von solch merkwürdiger Selbstständigkeit und Ursprünglichkeit des Gedankens, daß wir, förmlich überrascht, wenigstens einen zweiten Band abwarten zu müssen glaubten, um ein eigenes Urtheil abzuwarten. Statt dessen unterbricht sich der Verfasser, und gibt uns in einer dreihundert Seiten langen Parenthese gleichzeitig einen Rückblick auf das ältere Werk und eine Ausschau auf die letzten und höchsten Probleme des Ganzen, gibt uns seine Antwort auf eine Frage, die seit drei Jahrtausenden, die heute tiefer und allgemeiner als jemals denkende Menschen beschäftigt.

Allgemeiner jedenfalls; das zeigt schon die unverhältnißmäßige Menge von Arbeiten, welche das letzte Jahrzehnt über die Frage gebracht hat. Der „Ursprung der Sprache" scheint förmlich auf die literarische Tagesordnung gesetzt,*) und das hat seinen guten Grund in einer Zeit, die da wiederhallt vom Schlachtruf: „Hie Mensch! hie Gorilla!" wo jahraus jahrein die Reiseprediger der „Wissenschaft und Bildung" von Stadt zu Stadt wandernd, sich vor dem staunenden Publikum am rhetorischen Trapez produciren. Die Widersacher der neuen Lehre werfen allerdings gelegentlich mit herkynischen Urknütteln und homerischen Feldsteinen dazwischen, nicht bedenkend, daß sie durch solches Gebahren dem Gegner ein neues bedenkliches Argument für ihre Verwandtschaft mit den Vierhändern liefern. Das gebildete Auditorium aber lernt zwar in einer Stunde Frist über die schwierigsten Probleme menschlichen Forschens und Denkens mit eleganter Entschiedenheit sich aussprechen, wahrt sich jedoch Unbefangenheit genug, um Tags darauf in seinen Zeitungen Geschichten zu lesen und zu glauben, wie die, welche kürzlich von den blutschlürfenden, menschen= und soldatenfressenden Schlangen durch die deutschen Blätter lief.

Die Fähigkeit, sich rasch zu popularisiren, scheint uns für Sätze der Wissenschaft ein bedenkliches Merkmal, das den Forscher zu doppelter Vorsicht mahnen sollte. Auch in das Gebiet unserer Sprachfrage droht, offenbar im engen Zusammenhang mit der Menschfrage, eine rationalistische

*) Und ist natürlich auch schon für die liebe Jugend gargekocht in: „Sprache und Schrift" von R. Böttger, Leipzig 1868.

Banalität und ein kühn absprechender Dilettantismus einzubrechen, welcher durch leichte Begreiflichkeit der Menge sich empfehlen mag, den ernsteren Denker schwerlich befriedigt. Um so willkommener das Wort eines solchen, wie es hier sich vernehmen läßt.

Rabbi Ben Akiba sagte bekanntlich, daß es nichts Neues unter der Sonne gebe und lange vor ihm hat der weise Salomo einen ähnlichen lebensmüden Spruch gethan. Allein die elektrische Drathpost z. B. ist eben doch etwas Neues und die verschiedenen Elemente, welche die junge Chemie zu Tage gefördert nicht minder, und tausend andere Dinge, welche binnen Jahr und Tag in die Erscheinung treten, nicht minder. Neue Dinge gibt es immer, aber niemals ein neues Wort. Dieser Satz kann als Axiom aufgestellt werden, und die seltenen Ausnahmen werden sich jedesmal als scheinbare nachweisen lassen. Unser deutscher Wörterschatz bereichert sich täglich, aber nur zwei Quellen fließen ihm: die eine vielmißbrauchte, das Fremdwort, das ihm freisteht aus jeder beliebigen Sprache des Erdballs zu schöpfen;*) die zweite ist der schon vorhandene Sprachschatz. Auch er bietet einen unerschöpflichen Jungbrunnen für die alternde Sprache. Zunächst sind es die Mundarten und Dialekte, welche nieversiegend diesen Brunnen speisen. Zum Zweiten kann keinem Worte, das jemals in der Sprache gelebt hat, das Recht und die Fähigkeit abgesprochen werden, von einer glücklichen Hand ergriffen und wieder in Umlauf gesetzt zu werden. Zum Dritten vermögen wir Zusammensetzungen fast in's Unendliche zu bilden, und vermögen Stamm= und Bildungssylben in mannichfacher Weise neu zu combiniren. (Hierher gehört das nagelneue „abrüsten," das zwar schon im Grimm'schen Wörterbuch steht, aber ohne Belegstelle und in ganz anderer Bedeutung. Das Wort im militärischen Sinn hat sich offenbar ganz unabhängig und spontan neugeschaffen. Die Sache haben wir noch nicht erlebt.) Wir mögen für das Velocipède, das dem Meister Ben Akiba auch nicht ganz geläufig war, hundert Namen schaffen, gut und schlecht, gescheidt oder dumm, aber bu oder bo, lip oder lap können wir es nicht nennen. Wörter können nur aus Wörtern erwachsen.

Empirisch ist das jedem geläufig; Jeder weiß, daß die zahllose Menge unserer heute gebräuchlichen Wörter sich auf eine mäßig zu nennende Reihe von Wortstämmen zurückführt und daß wiederum eine große Zahl dieser Stämme, einem stärkeren etymologischen Reagens ausgesetzt, sich unter eine noch bedeutend geringere Anzahl von „Wurzeln" fügen lernt. Die Durchschnittszahl solcher Wurzeln für eine Sprache schätzte Pott auf tausend. Ob die Zahl genüge, um eine Sprache zu bilden, dafür haben wir eine geschichtliche Antwort im Chinesischen, welches nur etwa 450 Wörter, d. h. begriffbildende Lautgruppen, besitzt; und da jede dieser Gruppen absolut unveränderlich ist, so können wir diese 450 Wörter geradezu Wurzeln nennen, obgleich sie es streng genommen nicht sind. Durch die dem Chinesischen eigenthümliche musikalische Betonung werden jene 450 Lautgruppen allerdings auf 1200 bis 1500 verschiedene Klanggruppen gesteigert; aber damit ist dann auch der phonetische Vorrath erschöpft und der Chinese mag zusehen, wie er sich mit diesem jammervollen Material durch die Welt=

---

*) Man denke an das seit mehreren Jahren vielgebrauchte polynesische „Tabu", das vielleicht nur noch der Verbalisirung bedarf, um sich einzunisten.

geschichte schlägt, oder selbst welche macht; mag zusehen, wie er damit ein gesellschaftliches und gesittetes Leben aufbaut, zum Volke wird und aus dem Volk zum Staat, wie er ein materiell menschliches Leben erringe, Recht und Gesetz gestalte oder gar am Ende Kunst und Wissenschaft, exacte Kenntnisse in Theorie und Praxis sich schaffe, eine Religion ausbilde, eine Literatur erzeuge in Prosa und Poesie, Moralsysteme präge und Philosophie treibe. Daß er aber dieß Alles gethan hat und thut, das weiß man. Wie er es zu Stande gebracht, gehört nicht hierher; nur so viel erhellt aus dem Beispiel: daß zur Ausbildung einer für alle leiblichen und geistigen Bedürfnisse genügenden Sprache, zur Schaffung von Volk und Staat, Cultur und Wissenschaft eine große Zahl von Worten oder Wörtern durchaus nicht absolutes Erforderniß ist. Ein Weiser braucht zehn Worte, wo der Narr hundert verschwendet und doch nur Narrheit herausbringt.

„Also,“ sagt Geiger, „also jene fünfhundert oder höchstens tausend Wurzeln sind es, auf die sich die Frage der Sprachentstehung gegenwärtig allein noch beziehen kann.“ Bis zu diesem Punkte, bis zur Vereinfachung der ungezählten Einzelwörter auf tausend Urwörter kann der Sprachforscher gehen und immer noch festen empirischen Boden unter dem Fuße fühlen; und in der That hat mehr als ein Gewaltiger in diesem Reiche sich selbst den Markstein hier gesetzt. Bopp in der Vorrede zu dem Wunderbau seiner „Vergleichenden Grammatik“ (1833) will das „Geheimniß der Wurzeln oder des Benennungsgrundes der Urbegriffe unangetastet lassen, will nicht untersuchen, warum z. B. die Wurzel i g e h e n und nicht s t e h e n , oder warum die Lautgruppirung sta s t e h e n und nicht g e h e n bedeute.“ Und er hat in der zweiten Auflage (1857) diesen Satz nicht gestrichen. Pott „zweifelt ob der geheimnißvolle Schleier über der Gemeinschaft zwischen Laut und Begriff sich je wird völlig hinwegziehen lassen.“ Und Schleicher spricht der Sprachwissenschaft kurzweg das Recht zu, auf die Frage über den Ursprung der Sprache eine Antwort zu versagen; die Antwort „falle in das Gebiet der Anthropologie.“

Also — warum bedeutet das Urwort i das Gehen, die Bewegung? warum der Urlaut sta das Stehen, die Ruhe? Oder, wenn wir jenes Tausend Urwörter noch einmal reduziren auf hundert Urwurzeln — weiter können wir doch nicht gehen? — so müssen diesen hundert Urlauten doch nothwendig hundert Urbegriffe oder Urvorstellungen entsprechen, und warum nun hat der Urmensch mit diesem Laute diesen, mit jenem Laute jenen Begriff bezeichnet? warum hat er nicht umgekehrt die Ruhe i, die Bewegung sta genannt? Hat hier Willkür und freie Wahl gewaltet, oder ist ein innerer nothwendiger Zusammenhang zwischen ruhen und sta, zwischen gehen und i, und was für ein Zusammenhang? Das sind die Fragen, vor welchen jene Gewaltigen zurückzuweichen scheinen. Geiger aber sagt: Die Frage selbst ist falsch gestellt; beide, die Anhänger der freien Wahl und die der inneren Nothwendigkeit, die Thetiker und die Physiker, haben ohne Weiteres vorausgesetzt, daß ein bestimmter Laut einen bestimmten Begriff bezeichnet habe, und keinen andern, und das muß verneint werden; es ist unmöglich, eine bestimmte Wurzel bei einem bestimmten Begriff festzuhalten oder umgekehrt; für manche Begriffe finden sich viele Wurzeln verwendet und umgekehrt dient wieder manche Wurzel vielen Begriffen zugleich.“

Findet doch Aehnliches auch im gegenwärtigen „fertigen" Stande der Sprache statt und zwar in viel weiterer Ausdehnung als Geiger selbst anzunehmen scheint. Die höchste Tugend, welche Christus gelehrt hat und das niederträchtigste Verbrechen, von welchem das sittliche Bewußtsein mit Grauen sich abwendet, welches vom Gesetze mit der Strafe des Todes gezeichnet ist — beides bezeichnen wir mit einem und demselben Worte, das da lautet — Vergeben. Die häuslichen Schätze, die am Morgen ihres Ehrentags der glücklichen Braut unter Scherz und Jubel verehrt werden, so gut wie der mörderische Trank, welchen im Märchen, und nicht blos im Märchen, die Stiefmutter den überkommenen Kindern braut — beides nannte der Deutsche die Gift (das Gift ist eine erst spät und nachträglich aufgekommene Unterscheidung). Und Niemand wähne, daß hier etwa ein zufälliger Gleichklang stattfinde, wie z. B. zwischen dem Degen als Waffe und einem „kühnen Degen," zwei Wörter, die freilich gar nichts mit einander zu thun haben, von denen das erste nicht einmal deutsch ist. Aehnliche Beispiele lassen sich zu Tausenden finden, auf ihnen beruht ja eine ganze Gattung des Räthsels. Ueberhaupt wir — und natürlich auch andere Sprachen — haben ganze Massen von Wörtern, die für sich durchaus keinen bestimmten Sinn geben; ja man kann ganze Sätze bilden, die an sich räthselhaft sind. „Schließlich kam es zu einem Ausschlag" — ist hier der Ausschlag eine Entscheidung oder eine Hautkrankheit? Kein Mensch kann das wissen, der nicht in weiterem Umfang den Zusammenhang kennt. In andern Fällen hilft man sich auf — chinesisch, durch Accent und Tonfall. „Der Schlág hat ihn getroffen" und „der Schlág hat ihn getróffen" sind zwei sehr verschiedene Dinge. Namentlich von unsern zusammengesetzten Verben und den von ihnen abgeleiteten Substantiven gibt wohl nur die Minderzahl einen unmittelbaren bestimmten Sinn, wie der Blick in jedes Wörterbuch lehren mag.

Wer heutzutag seinem Nebenmenschen nachsagen wollte: er thue nichts als Schlechtes, der muß sich auf allerlei Unannehmlichkeiten gefaßt machen. Nun, im 13. Jahrhundert sagt der fromme Freibank von Gott: er enwil niht tuon wan slehtes, er will nichts als Schlechtes thun, und seine Zeitgenossen hätten ihn verstanden, auch wenn nicht die Worte vorangingen: got den möhte al diu werlt niht erbiten eins unrehtes — den Herrgott könnte die ganze Welt nicht zu einem Unrecht bewegen, denn er will nichts als — das Gute. Schlecht heißt gut und heißt schlecht, zum Theil noch in der heutigen Redeweise.

Eine estnische Volkssage läßt die Sprache in einem Kessel gekocht werden. Erscheint sie nicht auch uns hier wie jener Kessel, den die Hexen umtanzen mit ihrem fair is foul and foul is fair? Wenn in einem und demselben Worte das Gute zum Schlechten, die höchste Tugend zum schnödesten Verbrechen umschlägt — wer will die Möglichkeit bestreiten, daß solches auch am zweiten und dritten Wort, daß es am Ende, oder am — Anfang, der Sprache nämlich, an jedem Wort geschehen konnte? Im Lessing'schen „Faust" wird jener Teufel als der schnellste gepriesen, der so schnell ist, wie der Uebergang vom Guten zum Bösen. Die Sprache braucht, umgekehrt, nichts als Zeit, um diesen Uebergang zu bewerkstelligen. Und nicht einmal viele Zeit; denn was sind ein paar Jahrhunderte, wenn wir von heute zurückblicken auf die älteste geschichtliche Spur einer Sprache, auf

die Steinschrift ägyptischer Denkmäler, wenn wir von dieser wiederum das
Auge zurückbohren in die Jahrzehntausende, welche vor dieser Zeit der
Mensch auf Erden durchwandelt hat!

Einem Sohn unseres dermaligen geschätzten Jahrhunderts würden wir
auf der Leiter der Intelligenz eine ziemlich tiefe Stufe anweisen, wenn er
für Würmer, Schlangen und Insecten kein anderes als das Wort Wurm
hätte, wenn er die Fliege als Vogel bezeichnete;*) wir würden wenigstens
„Bildung" einem Mann absprechen, welcher den See und die See nicht
unterschiede. Unsern Voreltern waren diese Scheidungen durchaus kein Be=
dürfniß; sie faßten Würmer, Schlangen, Insecten, alles große und kleine
Geziefer, einschließlich des Drachen und Lindwurms, als „Würmer" zu=
sammen: sie schämten sich nicht, die Mücke gelegentlich einen Vogel zu
nennen, und sie kannten nur den See. Bedarf es großer Phantasie, sich
in dieser Weise von Periode zu Periode rückwärts hinauf diese Verein=
fachungen fortgesetzt zu denken? Konnte nicht am Ende sogar für die Be=
griffe des Gehens und des Stehens ein Wort genügen? Wozu jenen Ur=
menschen ein Luxuswort für Stehen, wenn die gebildeten und wohlhabenden
Franzosen noch heute keins dafür besitzen, wenn uns selbst beide Begriffe
fast zusammenfallen oder sich umtauschen in der Redensart „wo er geht und
steht," wenn wir das Stammwort sitz nicht nur für die Ruhe, sondern in
der Form „Satz" auch für den gewaltigen Sprung des Menschen, des Thiers
verwenden? Wie wäre es, fragt Geiger, freilich in der bescheidensten Form
der Hypothese, wenn gar zuletzt die Wurzeln sta = stehen, dha = thun,
setzen, geben, sad = sitzen, ihre höhere Einheit in einem sa—du fänden?

Daß aus einem gegebenen Begriffe sich eine Menge anderer und
immer wieder anderer zu entwickeln vermöge, steht geschichtlich fest. Als
die Gesammturfache solcher Entwicklungen bezeichnet Geiger den Sprach=
gebrauch, dem Anschein nach also einen Zufall, dessen Walten und Wirken
aber vom Verfasser in glänzender Weise dargestellt und nachgewiesen ist, ja
den er in seinem Hauptwerk einer eigenen metaphysischen Abhandlung ge=
würdigt hat. „In allen nachweisbaren Fällen der Bedeutungsentwicklung
herrscht ein gemeinsames, sehr einfaches Gesetz. Ueberall ist es nur die
Mehrheit des Vorkommens, welche entscheidet." Auf demselben Wege
differenziren sich die Worte, entwickeln sich Schattirungen und Gegensätze.
Und so ist es immer gewesen. „Ich habe keinen Punkt aufzufinden ver=
mocht, wo irgend ein Begriff auftauchte, der nicht von einem andern schon
vorhandenen abstammte" ... und endlich: „das auf der Oberfläche der
Sprache beobachtete Gesetz, welches einem jeden Laut einen bestimmten
Begriff, und umgekehrt, entsprechen läßt, verschwindet in größeren Tiefen,
indem ganz im Gegentheil jeder Laut jeden Begriff bezeichnen, jeder Be=
griff durch jeden Laut bezeichnet werden kann; die Sonderbedeutung aber,
die ein Laut im Laufe der Zeit schließlich erlangt hat, ist immer ein Re=
sultat des Zufalls, oder mit andern Worten, der Entwicklung." — So
ist es auch. Daß — um von zahllosen Beispielen eines zu nennen — das

---

*) Und doch widerstrebt es auch uns die im Hofe watschelnde Ente, und noch
mehr die Gans, als Vogel zu denken; fast unmöglich ist es uns mit der Henne.
In der Naturgeschichte allerdings zählen diese Thiere zu den Vögeln, im Sprach=
bewußtsein zu etwas ganz anderem, zum Geflügel.

deutsche Wort F r a u ein Ehrenname, das englische frow zum Weibsbild, zur Schlampe herabgesunken ist, das ist nur Zufall, d. h. geschichtliche, von tausend Elementen beeinflußte Entwicklung. An sich könnte ebenso gut das Umgekehrte geschehen sein, wie es zum Theil wirklich geschah mit dem deutschen Weib, dem englischen wife.

Um aber den gewaltigen Gedankengang des Verfassers bei weiteren Kreise, zu dem wir sprechen, klar vorzulegen, müßten wir neue Spalten füllen. Indem wir seine langgezogenen Serpentinen auf kürzestem Richtweg durchschneiden, gelangen wir zu dem Satze: Wenn und indem die Wurzeln sich lautlich spalteten, so geschah dieß nicht in der Weise, daß der Laut zum Zwecke der Begriffsunterscheidung variirt worden wäre. Der Laut variirt vielmehr aus Gründen, die mit dem Begriffe nichts zu thun haben, sondern erst an und mit diesen lautlichen Spaltungen entwickelten und entwickeln sich die Begriffe. Und so ist denn überall die Sprache das Primäre, der Begriff entsteht durch das Wort; die Vernunft ist durch die Sprache erschaffen worden, vor der Sprache war der Mensch vernunftlos.

Wenn im weiteren Verlaufe der Untersuchung Geiger die allererste Regung des Sprachlautes auf Gesichtswahrnehmungen zurückführt, so müssen wir uns hier begnügen, unsere vorläufigen Zweifel anzudeuten. Um so einiger sind wir mit ihm in Verwerfung der Schallnachahmung, der Onomatopöie, als Keim und Grundlage der Sprache — eine Theorie, welcher Geiger in seinen beiden Büchern mehrfach und mit energischen Gründen entgegentritt. Ja, er spricht geradezu aus: „Kein einziges Beispiel wirklicher Schallnachahmung ist bis jetzt aufzubringen gewesen; manche sehr scheinbare (z. B. unser r o l l e n) schlagen bei näherer Betrachtung in eine beschämende Enttäuschung um." Geiger meint: jene Theorie sei am Ende nur aus Mißverständniß des Platonischen μίμημα φωνῆς entstanden. Wir selbst vermuthen, daß der zufällige metaphorische Gebrauch des Wortes „Thiersprache" einen guten Theil der Schuld trägt. Diese Thiersprache hat hart neben dem „Gesang" der Vögel feil. Kein Vogel singt, kein Thier spricht; beides vermag nur der Mensch; τὰ θηρία οὐ φωνεῖ γράμματα, sagt Aristoteles, das Thier articulirt nicht. Das Wesen des Wortes aber ist: äußerlich die Articulation, innerlich der Begriff. Sagen wir es geradezu: wenn tausend Wortstämme sich auf hundert Wurzeln zurückführen laffen, so ist, lautlich und begrifflich, nicht einzusehen, warum die hundert Wurzeln nicht aus zehn Urwurzeln, warum nicht diese wieder aus einer einzigen Erstlingswurzel entsprießen konnten. -- Konnten? Nein, die Sprache mußte aus einem einzigen Wort oder Laut hervorbrechen, aus dem ganz gemeinen Grunde, weil der Mensch nicht zwei Worte zugleich äußern konnte. Nicht in was zum erstenmal, sondern daß irgend einmal das Geistige im Menschen lautlich vorbrach, sein Inneres sich äußerte, das ist die Hauptsache. Wir müssen doch wohl annehmen, daß jenes Ereigniß im engsten Kreise sich vollzog. Denken wir uns etwa — drei Punkte fordert ja die Mathematik, um einen bestimmten Kreis zu ziehen — denken wir uns Mann, Weib und Kind. Zwischen ihnen mochte ein einziger Laut lange genügen, um Alles zu bezeichnen, „die Welt und Alles, was darinnen ist," denn — wie unendlich klein war diese Welt! Was die Möglichkeit einer Weitergestaltung des Lautes betrifft, so wollen wir nur auf e i n e n Punkt hinweisen: auf den allmählichen Zuwachs an neugebornen Individuen. Was aber das Wesen jenes Lautes belangt, so würde unseres Erachtens durch eine Anschauung desselben als Nachbildung eines fremden Lautes oder Schalles der damalige Mensch tief unter das damalige Thier gestellt, welches aus seiner eigenen Natur heraus „Laut gab." Es wird ohnehin damals wie heute, es wird jedes Wesen dem Wesen seiner Gattung, es wird der Mensch dem Menschen das Nächste gewesen sein, wird innerhalb seiner Gattung seine Natur entwickelt, wird nicht gewartet haben, bis ein Ochse du und ein Vogel kukuk schrie. *) Und auch, wenn wir in eine noch grauere Vorzeit zurückgrübeln, wenn wir dem Menschen noch keine Articulation, sondern — wie Geiger irgendwo sagt — mehr erst eine Art „Lallen" zuerkennen, so stand er doch auch damals bereits in seiner Gattung. Oder hatte er auch jenes Lallen von auswärts entlehnt? Dann wiederholt sich der obige Einwurf.

Doch — hier steht überhaupt der Markstein, den wir selbst uns von jeher gesetzt, der heute — Dank den Untersuchungen Geigers — uns auf festerem Grunde zu stehen scheint, den aber weiter hinauszurücken wir auch heut uns nicht entschließen können. Wir stehen einem gemeinschaftlichen Ursprung alles Lebendigen durchaus nicht principiell entgegen; das ist eine Frage, die ohnehin, neben das furchtbare Räthsel des Daseins überhaupt gestellt, zu einem unendlich Kleinen zusammenschrumpft. Der Forscher nach dem Ursprung der Sprache wird heute — und wie wir glauben auch in Zukunft — sich mit einem relativen Ergebniß begnügen müssen. Der Punkt wo sie auftritt, ist derselbe, wo der Mensch erscheint. Und umgekehrt. Mit dem Thiere hat der Mensch viel Gemeinsames; absolut von ihm geschieden ist er nur durch eines, durch die Sprache. Ueber Werth und Unwerth, höhere und niedere Begabung und Berechtigung der menschlichen Racen mag man streiten; die Sprachfamilien mag man nach inneren und äußeren Gründen in mehr und minder vollkommene ordnen; die Sprache selbst ist überall die gleiche, es ist noch kein Volksstamm gefunden worden, von dessen Sprache wir nicht sagen müßten: das ist derselbe herrliche wunderbare Organismus, wie unsere eigene Sprache, es ist Fleisch von unserem Fleisch, Bein von unserem Bein.**) Kraft seiner Sprache, und nur kraft dieser, steht der Australmensch genau so weit entfernt von seinem Dingo, seinem Känguruh, wie kraft der unserigen wir Europäer von Hund und Roß. Der Mensch ist absolut sprechend, das Thier absolut unsprechend; darum hat der Mensch Vernunft entwickelt, das Thier keine.

---

*) Die Aermlichkeit des schallnachahmenden Sprachelementes tritt einem nirgends lebhafter und peinlicher entgegen, als in einer so trefflichen Zusammenstellung wie sie Meister Wilhelm Wackernagel gibt in seinen „Voces variae animantium." (Zweite Ausgabe, Basel 1869).

**) Hat man doch neuerdings gewisse schmatzende Laute, die man von den Affen unserer zoologischen Gärten vernahm mit den bekannten Schnalzlauten der hottentottischen Sprachen in Beziehung gesetzt. Das zeugt von wenig Kenntniß dieser merkwürdigen, und in einem Punkt wenigstens reich, nur allzu reich, ausgebildeten Idiome. Mit vollem Recht vermuthet Geiger in jenen Schnalzlauten sehr späte Bildungen, wofür u. A. auch die Thatsache spricht, daß die Kaffersprachen dieselben zum Theil aus dem Hottentottischen entlehnt haben. Etwas Aehnliches wie der Schnalzlaut hat auch das Aztekische.